DANA 7

Das malerische Dorf ist Ausgangspunkt für Wanderungen ins gleichnamige Naturschutzgebiet mit grandioser Canyonlandschaft.

Tipp: Von der Straße N60 zwischen Tafila und dem Toten Meer aus sind die Perspektiven phantastisch.

➤ S. 88, Die Königsstraße

PETRA 8

Die in den rötlichen Fels geschlagene Stadt der Nabatäer gilt als Weltwunder.

Tipp: Steig hinauf zur Hohen Opferstätte – das ist leichter als zum Kloster (Ed-Deir).

➤ S. 90, Die Königsstraße

WADI RUM 9

Seine schroffen Felsformationen im feinen Sand machen es zu einer der schönsten Wüstenlandschaften weltweit (Foto).

➤ S. 105, Der Süden

TAUCHEN IN AQABA 10

Aqaba ist *das* Tauchparadies – die Riffe im Roten Meer halten eine einmalige Artenvielfalt bereit.

➤ S. 36, Sport

INHALT

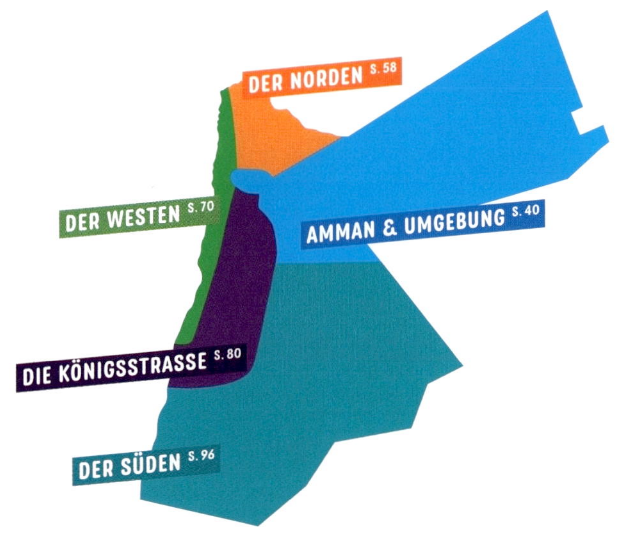
DER NORDEN S. 58
DER WESTEN S. 70
AMMAN & UMGEBUNG S. 40
DIE KÖNIGSSTRASSE S. 80
DER SÜDEN S. 96

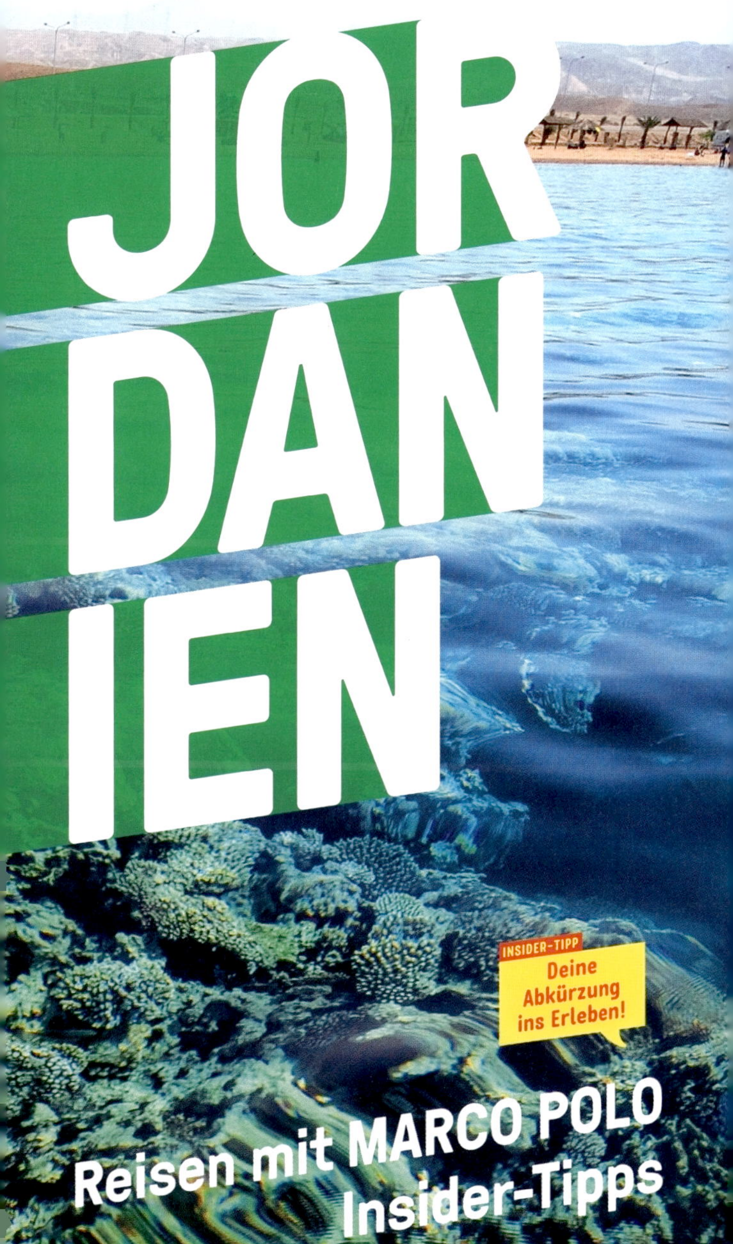
JOR
DAN
IEN
INSIDER-TIPP
Deine Abkürzung ins Erleben!
Reisen mit MARCO POLO
Insider-Tipps

MARCO POLO TOP-HIGHLIGHTS

JABAL AL-QALAA (ZITADELLE) 1

Wo in Amman alles begann! Im Tal zwischen Zitadelle und Römischem Theater schlängelte sich einst ein Fluss durch grüne Auen.

Tipp: Schön für den ersten Blick – am besten direkt von der Zitadelle fotografieren.

➤ S. 44, Amman & Umgebung

UMM QAIS (GADARA) 2

Toll erhaltene antike Ruinenstadt im Dreiländereck von Jordanien, Israel und Syrien.

Tipp: Die Zuschauertribüne des Theaters aus schwarzem Basaltstein ist die perfekte Kulisse. Farbige Kleidung anziehen!

➤ S. 63, Der Norden

JERASH 3

Die Ruinen der über 2000 Jahre alten Stadt Gerasa sind so gut erhalten, dass dich dich fühlst wie an einem ganz normalen Tag im alten Rom.

➤ S. 65, Der Norden

QALA'AT AR-RABAD 4

In den grünen Hügeln Nordjordaniens thront dieses mittelalterliche Juwel.

Tipp: Morgens die Burg, nachmittags die Landschaft. Ganztags gibt's innerhalb der Burg spannende Lichteffekte.

➤ S. 68, Der Norden

TOTES MEER 5

Das Salz macht Leben im Toten Meer unmöglich, aber es kann wunderbar aussehen.

Tipp: Nahe dem Wadi Mujib Adventure Center bilden weiße Salzkrusten einen aufregenden Kontrast zum Blau des Wassers.

➤ S. 76, Der Westen

BERG NEBO 6

Von hier aus soll Moses nach dem Auszug aus Ägypten zum ersten Mal das Gelobte Land erblickt haben.

➤ S. 86, Die Königsstraße

MARCO POLO TOP-HIGHLIGHTS

DAS BESTE ZUERST

SO TICKT JORDANIEN

ESSEN, SHOPPEN, SPORT

MARCO POLO REGIONEN

ERLEBNISTOUREN

GUT ZU WISSEN

⏲	Besuch planen	🍴	Essen/Trinken
€-€€€	Preiskategorien	🛍	Shoppen
(*)	Kostenpflichtige Telefonnummer	🍸	Ausgehen

(🕮 A2) Herausnehmbare Faltkarte
(🕮 a2) Zusatzkarte auf der Faltkarte
(0) Außerhalb des Faltkartenausschnitts

BESSER PLANEN MEHR ERLEBEN!

Digitale Extras
go.marcopolo.de/app/jor

MARCO POLO

DIGITALE EXTRAS

DIGITAL NOCH MEHR ERLEBEN

Schneller in Urlaubslaune kommen.

Perfekt organisiert sein – vor, während und nach dem Urlaub.

Mit der MARCO POLO Touren-App und unseren digitalen Angeboten.

Noch mehr Trendziele, Inspiration und aktuelle Infos findest du auf **marcopolo.de**

Werde Teil unserer Reise-Community und folge uns auf **Instagram** und **Facebook!**

SO EINFACH GEHT'S

1. Website besuchen
2. Die digitale Welt von MARCO POLO entdecken
3. App runterladen und ab in den Urlaub

Alle Infos zum digitalen Angebot unter **marcopolo.de/app**

DAS BESTE ZUERST

Römische Ruine: Herkules-Tempel auf dem Zitadellenhügel in Amman

BEST OF BEI HITZE

SCHÖN, AUCH WENN ES HEISS IST

COOL DURCH DIE GESCHICHTE

Nicht nur Shoppingmalls, auch die großen Museen in Amman sind meist gut klimatisiert. Das *Jordan Museum* zeigt viele Ausstellungsstücke zu Geschichte und Gegenwart des Landes (Foto). Es ist so interessant, dass man hier gut einen Nachmittag verbringen kann.

➤ S. 44, Amman & Umgebung

MAGISCHES DREIECK

Lust auf eine leckere, typisch arabische Erfrischung? In Aqaba produziert *Nafisa Sweets* ein unfassbar leckeres Mastixeis – nicht zu süß und obendrein günstig. Hol dir das magische Dreieck mit Pistaziendeko!

➤ S. 103, Der Süden

RELAXEN AUF DER FENSTERBANK

Im hochgelegenen Salt weht fast immer eine frische Brise. Sollte es dennoch mal zu warm werden: Die Mauern des *Stadtmuseums* sind bis zu 70 cm dick, und auf den Fensterbänken liegen Polster – perfekt zum Runterkühlen.

➤ S. 52, Amman & Umgebung

LICHT, LUFT, BRUNCH

Umm Qais in Nordjordanien ist auch an heißen Tagen ein Lieblingsziel, denn selbst im Hochsommer ist es dort luftig. Vormittags sind die Temperaturen besonders angenehm, genau richtig für einen leichten Brunch im schön gestalteten *Resthouse*.

➤ S. 64, Der Norden

ABTAUCHEN IN AMMAN

Das Hotel in Amman hat keinen Pool? Kein Problem! Pack die Badesachen ein und nimm ein Taxi zum *Freibad in der Sports City*, mitten in der Stadt. Der Eintritt ist nicht ganz billig, aber das Bad ist das Geld wert. Alternative: An der Straße zum Flughafen liegt das Spaßbad *Amman Waves*.

➤ S. 51, Amman & Umgebung

BEST OF

LOW-BUDGET

FÜR DEN KLEINEN GELDBEUTEL

KINO BEI MONDSCHEIN

Tagsüber im historischen Gemäuer umsonst internationale Filme gucken, tolle Fotos von der Zitadelle und Alt-Amman machen, abends Freiluftkino unter dem Sternenhimmel erleben – alles möglich mit der *Royal Film Commission.*

➤ S. 52, Amman & Umgebung

ALTER KULTUR AUF DER SPUR

Wer waren die geheimnisvollen Nabatäer, die vor langer Zeit in Petra lebten? Hier geht dir ein Licht auf. Und mehr noch: Der Eintritt ins superschöne *Petra Museum* ist frei, auch wenn du kein Ticket für die Felsenstadt hast.

➤ S. 91, Die Königsstraße

BEACHLIFE AM ROTEN MEER

Die öffentlichen Strände in Aqaba (Foto) haben einen großen Vorteil, sie sind kostenlos. Besonders sauber sind die Strände am *Aqaba Marine Park.* Wenn die einheimischen Frauen in voller Montur oder im Burkini ins Wasser steigen, fühlt man sich womöglich etwas nackt. Längere Badeshorts und einteiliger Badeanzug sind hilfreich!

➤ S. 105, Der Süden

GRUSELN (FAST) GRATIS

Etwas unheimlich, aber zum Glück gut beleuchtet sind die Tunnel unter der *Kirche St. Johannes der Täufer* in Madaba. Sie wurden einst als Versteck oder zur Flucht genutzt. Wer anschließend noch Nerven hat, steigt mit demselben Ticket mehr als 100 Stufen hoch auf den Turm – die Anstrengung lohnt sich.

➤ S. 84, Die Königsstraße

DER BUS IST DAS ZIEL

Autofahren in Jordanien kann stressig sein. Um Nerven und Geld zu sparen, ist es eine gute Methode, die günstigen *Busse* und Taxis zu kombinieren: Fahr mit dem Bus zu deinem Hauptziel und nimm für lokale Ziele das Taxi.

➤ S. 118, Gut zu wissen

BEST OF MIT KINDERN

SPANNENDES FÜR GROSS & KLEIN

WIE GEHT DAS?

Wie entstand die Erde, wie der Mensch? Wie funktionieren Muskeln und Gelenke, wenn man Sport macht? Die Erklärungen im *Kindermuseum* in Amman sind durchgehend auf Englisch und Arabisch, aber die meisten Lernstationen wurden so anschaulich gestaltet, dass auch deutschsprachige Kinder ihren Spaß haben.

➤ S. 46, Amman & Umgebung

EINFACH AUSTOBEN

Die historische Bedeutung des *Zitadellenhügels* in Amman dürfte die meisten Kinder nicht besonders interessieren. Aber trotzdem finden sie einen Besuch gut, denn das weitläufige Gelände eignet sich hervorragend zum Spielen und Toben!

➤ S. 44, Amman & Umgebung

WASSERSPASS MIT RUTSCHEN

Schnorcheln in Aqaba (Foto) ist eine super Attraktion für große und kleine Wasserratten. Doch Kinder wollen nicht nur Korallen gucken, sondern auch ins Wasser rutschen und springen. Na, dann los: Das Spaßbad *Saraya Aqaba Water Park* hat insgesamt mehr als 25 Rutschen und Wasserattraktionen.

➤ S. 103, Der Süden

OUTDOOR FÜR DIE FAMILIE

Die idyllisch im Grünen gelegene *Mountain Breeze Lodge & Resort* nicht weit von Salt bietet Outdooraktivitäten für die ganze Familie – unter anderem kann man Paintball buchen, aber auch Bogenschießen.

➤ S. 54, Amman & Umgebung

AB DURCHS WADI

Viele Schluchtenwanderungen in Jordanien sind zu schwierig für Kinder, oder sie bieten zu wenig Schatten. Doch das *Wadi Ibn Hammad* bei Kerak ist ein perfektes Ziel für einen ausführlichen Familienspaziergang!

➤ S. 88, Die Königsstraße

BEST OF

TYPISCH

DAS ERLEBST DU NUR HIER

DIGITALE PAUSE
Ein paar Tage oder Stunden ohne Mobilfunk klarkommen: Im *Wadi Feynan* öffnen sich Türen zum Selbst – finde auf Wanderungen deine Balance oder genieß auf der Panoramaterrasse der Eco Lodge den Rundblick über die Wüstenlandschaft.
➤ S. 79, Der Westen

BEDUINEN MIT DUDELSACK
Schräges Musikevent gesucht? Kernige Männer mit ernstem Blick und rot-weißer Kopfbedeckung spielen schottische Weisen: Einen Auftritt der Königlich Jordanischen Dudelsack-Kapelle solltest du nicht verpassen, zum Beispiel beim sommerlichen *Jerash Festival*.
➤ S. 119, Events & Feste

BILDER AUS STEINEN
In der berühmten *Mosaikschule* in Madaba (Foto) kannst du den Spezialistinnen und Spezialisten direkt bei der Arbeit zusehen. Ein Hingucker ist die Nachbildung der uralten biblischen Palästina-Karte aus der St.-Georgs-Kirche!
➤ S. 84, Die Königsstraße

WÜSTE MIT ALLEN SINNEN
Nachts die Sterne zählen? Tagsüber faulenzen, die warme Sonne im Gesicht spüren und die Stille genießen? Zu Pferd oder mit dem Kamel ausreiten? Im *Wadi Rum* erlebst du die Wüste in allen Facetten.
➤ S. 105, Der Süden

FRISCHEN FISCH ESSEN
Muss Fisch wirklich immer schwimmen? Falls dir Bier oder Wein nicht wichtig sind, geh zum Fischessen ins Viertel *Suq Samak* in Aqaba, östlich vom Mamelukischen Fort. Das Angebot in den Lokalen ist authentisch und günstig, hier isst du wie die Einheimischen.
➤ S. 102, Der Süden

SO TICKT JORDANIEN

Starkes Team im Wadi Rum: ein Beduine mit seinem Dromedar

ENTDECKE JORDANIEN

Luftmatratze vergessen? Kein Problem – im Toten Meer schwimmst du immer oben

Weltgeschichte im Zeitraffer, großartige Naturschätze, faszinierende Landschaften: Im haschemitischen Königreich liegen Zeugnisse der europäischen und vorderasiatischen Kulturen ganz nah beieinander.

ZEITREISE ZU DEN URSPRÜNGEN DER ZIVILISATION

Über 10 000 Jahre alt sind die ältesten Großplastiken der Welt, die Ain-Ghazal-Statuen mit ihren lebendig wirkenden Gesichtern, zu sehen in Amman und Irbid. Und dann die Höhepunkte jeder Jordanienreise: die rosarote Felsenstadt Petra und die römische Stadt Jerash. Altorientalische Völker, Nabatäer, Griechen, Römer, Byzantiner, Araber, Kreuzritter, Mameluken, Osmanen und Briten – sie alle hinterließen Spuren auf dem Territorium des heutigen Jordanien. Dabei steht die Archäologie oft noch am Anfang. So war die Zivilisation der ursprünglich

12. Jh. v. Chr. Frühe Kleinstaaten

2. Jh. n. Chr. Blütezeit des Nabatäerreichs

106 Römische Provincia Arabia

636 Arabische Eroberung

11. Jh. Erster Kreuzzug

1244 Mamelukenherrschaft

1517–1917 Transjordanien ist Teil des Osmanischen Reichs

1921 Abdullah bin Hussein wird Emir in Transjordanien

nordarabischen Nabatäer wahrscheinlich viel bedeutender für die Entwicklung der gesamten Region, als lange angenommen wurde. Vom „achten Weltwunder" Petra, das sie ab dem 6. Jh. v. Chr. in den Stein geschlagen haben, ist bislang nur ein Bruchteil zu besichtigen – dabei ist es schon jetzt so groß und spannend, dass man am liebsten zwei oder drei Tage dort bleiben möchte.

IMPOSANTE LANDSCHAFTEN, ZURÜCKHALTENDE MENSCHEN

Genauso beeindruckend wie die kulturgeschichtlichen Zeugnisse sind die Landschaften wie das grandiose Wadi Rum im Süden. Die Weite und die Einsamkeit der Sandmeere und Felsformationen reduzieren alles auf das Wesentliche: schlichte Gesten, keine überflüssigen Worte, Kontrolle der Emotionen. Die unaufdringliche Höflichkeit und der Pragmatismus vieler Menschen in Jordanien haben möglicherweise auch hier ihren Ursprung.

ERSTAUNLICHE VIELFALT AUF KLEINEM RAUM

Jordanien ist unglaublich vielfältig. Nur wenige Kilometer vom Wadi Rum entfernt warten die Hafenstadt Aqaba – Jordaniens Tor zur Welt – und das Rote Meer, das mit seinen Korallenriffen und Fischgründen ein wahres Paradies für Taucher ist. Das Jordantal, in dessen subtropischem Klima Gemüse angebaut wird, bietet dagegen viel Grün. An seinem südlichen Ende mündet der Jordan – oder was davon noch übrig ist – in das Tote Meer, das mit rund 430 m unter dem Meeresspiegel den tiefsten Punkt der Erde markiert. Mit seinem hohen Salz- und Mine-

- **1946** Unabhängigkeit Jordaniens, Emir Abdullah wird König
- **1948** Gründung Israels, Palästinenser fliehen in die jordanisch beherrschte Westbank und über den Jordan
- **1967** Junikrieg: Jordanien verliert die Westbank und Ostjerusalem an Israel
- **1994** Friedensvertrag mit Israel
- **1999** Tod König Husseins I., Nachfolger wird König Abdullah II.
- **2022** Ca. 1,2 Mio. syrische Geflüchtete leben in Jordanien

raliengehalt zieht es von jeher auch viele an, die etwas für ihre Gesundheit tun wollen. Im Norden erstreckt sich eine mediterrane Hügellandschaft mit Olivenhainen und saftigen Wiesen, auf denen bereits Ende Februar Myriaden duftender Blumen für Frühlingsgefühle sorgen.

EIN SICHERES REISELAND – SAFETY FIRST!

Trotz seiner vielen Attraktionen und der guten touristischen Infrastruktur erlebt Jordanien immer wieder heftige Krisen, nicht erst seit Corona. Schuld daran ist hauptsächlich die instabile politische Lage in den angrenzenden Ländern. Jordanien vertritt mit Blick darauf den Grundsatz „Safety first" – Sicherheit zuerst. Und tatsächlich: Laut Statistiken ist Jordanien nach wie vor ein sehr sicheres Reiseland, sowohl im regionalen als auch im weltweiten Vergleich.

IDEALES ZIEL FÜR ENTDECKER

Reisende werden in Jordanien respektvoll behandelt. Die Menschen sind freundlich und hilfsbereit, aber selten aufdringlich. Dass Touristen von Andenkenverkäufern oder bettelnden Kindern belästigt werden, kommt vor, aber es ist nicht die Regel. Taxifahrer rechnen fast immer nach Taxameter ab – so gibt es kein lästiges Feilschen um den Fahrpreis. Dank des im regionalen Vergleich guten Bildungssystems sprechen viele Jordanierinnen und Jordanier Englisch. Straßenschilder sind immer zweisprachig, Arabisch und Englisch. Damit ist das Land ein ideales Ziel auch alle, die selbstständig auf Entdeckungsreise gehen wollen.

WERTEWANDEL UND KULTURSZENE

Graffiti-Happening oder Yoga-Retreat in der Wüste? Co-Working im Trendcafé? Familie und Religion bleiben wichtig, doch junge Leute in Jordanien entwickeln ihren eigenen Lebensstil jenseits des konservativen Mainstreams. Frauen wollen eigenes Geld verdienen, und junge Paare möchten mehr Zeit für sich haben, ohne Überwachung durch die Schwiegereltern. Jordaniens Kultur- und Musikszene ist in den letzten Jahren enorm gewachsen, auch wenn die meisten Veranstaltungen immer noch in Amman stattfinden. Es gibt Festivals für modernen Tanz, Straßenkunst, Theater und Kino. Musikalische Liveacts finden fast täglich statt, beispielsweise im Maestro, im Jafra Café, im Jadal Center for Culture, im Manara Cultural Center, im Blue Fig oder in einem der zahlreichen Pubs und Clubs. Beim Shishaschmauchen hört man gern Reggae, Latin und Rockmusik, aber auch arabische Schlager, Fusion und Klassiker wie Umm Kulthoum.

Von der Boomtown Amman bis zum Beduinencamp in der Wüste warten in Jordanien jede Menge neue Erlebnisse auf dich. Du kannst in antiken Ruinen spazieren gehen, bei einem Mokka traumhafte Ausblicke genießen oder moderne arabische Kunst kennenlernen. Entdecke die historischen Highlights und tauch ein in die jordanische Welt von heute. *Ahlan wa Sahlan* – herzlich willkommen!

AUF EINEN BLICK

10,4 MIO.
Einwohner
(davon 7,5 Mio. Staatsbürger)

Portugal: 10,3 Mio. Einwohner

15 %
berufstätige Frauen im erwerbsfähigen Alter

Deutschland: 70 %

88.802 km^2
Fläche

Österreich: 83.883 km^2

HÖCHSTER BERG: JABAL UMM AL DAMI
1.854 M

Zugspitze: 2.962 m

WÄRMSTER MONAT
JULI
48 °C
Maximale Temperatur in Aqaba. In Amman: bis zu 40 °C

23,5
Jahre beträgt das Durchschnittsalter in Jordanien

Deutschland: 45 Jahre

SCHNEE UND FROST IM WÜSTENLAND

40 Tage lang kann es lausig kalt werden. Die Jordanier nennen die rund sechs Wochen ab dem 21. Dezember „Marbaniye".

26 KM

Küste am Roten Meer – dank eines Abkommens mit Saudi-Arabien im Jahr 1965

90 PROZENT
des nationalen Energiebedarfs werden importiert

TIEFSTER PUNKT DER ERDE
TOTES MEER: 430 M UNTER DEM MEERESSPIEGEL

JORDANIEN VERSTEHEN

KURZ DUSCHEN

Jordanien ist eins der wasserärmsten Länder der Welt. Die Grundwasservorkommen sind massiv übernutzt, der Jordan ist auf weniger als ein Zehntel der ehemaligen Wassermenge geschrumpft. Damit Amman nicht verdurstet, wird fossiles, nicht erneuerbares Wasser aus dem Süden mehr als 300 km weit in die Hauptstadt gepumpt. Mittelfristig sollen Importe und die Entsalzung von Meerwasser helfen. Was kannst du tun? Wo immer möglich: Wasser sparen und kurz duschen!

BEZIEHUNGSKISTE

Wasta ist die nahöstliche Variante des „Vitamin B". Beziehungen zu Verwandten sind wichtig, um z. B. einen Job im öffentlichen Dienst, einen Studienplatz oder einen Geschäftsauftrag zu bekommen. Das hat mit dem traditionellen Wertesystem zu tun: Die Loyalität gegenüber der Großfamilie ist meist größer als die gegenüber Staat und Nation. Nachteil: Oft entscheidet nicht die persönliche Leistung über den Erfolg, sondern die richtige Connection. Das frustriert vor allem junge Leute.

NABATÄER

Wer in der roten Felsenstadt Petra die gigantischen Fassaden, Höhlen und Wasserleitungen sieht, kommt aus dem Staunen nicht heraus. Wer waren die talentierten Bewohner dieses Ortes? Die Nabatäer kamen ursprünglich aus dem Norden der arabischen Halbinsel. Auf dem Höhepunkt ihrer Macht (ca. 2. Jh. v. Chr.) kontrollierten sie die Handelsrouten zwischen Syrien und Ägypten. Unter Kaiser Augustus sollen sie in einem Jahr 10 000 Kamelladungen (oder 1500 t) Weihrauch nach Rom transportiert haben. Das kosmopolitische, multikulturelle Petra genoss großes Ansehen wegen seines raffinierten Kanalsystems zur Wasserversorgung.

Im Jahr 106 wurde das Territorium der Nabatäer dem römischen Reich einverleibt, Petra wurde zur Hauptstadt der römischen Provinz Arabia. Die Karawanenrouten verlagerten sich nach Palmyra (im heutigen Syrien), der Niedergang der Nabatäer begann. Mehrere Erdbeben in den Jahren 365 und 746 ließen die Menschen aus Petra fliehen. In Vergessenheit geraten, wurde die Felsenstadt erst 1812 vom Schweizer Johann Ludwig Burckhardt wiederentdeckt. Aufgepasst: Die Nabatäer nannten den Ort Raqmu.

WIRTSCHAFT

Jordanien ist theoretisch eine freie Marktwirtschaft. Durch die Vormachtstellung des Königshauses und der mit ihm verbundenen Eliten ist der freie Wettbewerb jedoch eingeschränkt. Die wichtigsten wirtschaftlichen Bereiche sind Dienstleistungen und Tourismus. Wegen der Wasserknappheit und der Abhängigkeit von Energieimporten – Jordanien bezieht

In Stein gemeißelt: nabatäisches Felsgrab in Petra

90 Prozent seines Energiebedarfs aus dem Ausland – ist der Ausbau von Landwirtschaft und Industrie begrenzt. Seit einigen Jahren investiert Jordanien massiv in die Wind- und Solarenergie, um unabhängiger zu werden.

ARM UND REICH

Die Schere zwischen Arm und Reich ist in Jordanien groß. In den Villenvierteln in Westamman reihen sich palastartige Wohnhäuser aneinander, mit dicken Autos vor der Tür und Hauspersonal aus den Philippinen oder Sri Lanka. Im Ostteil Ammans dagegen und in ländlichen Gebieten leben oft ganze Familien in einem einzigen Zimmer, die Arbeitslosigkeit ist sehr hoch, viele verdienen weniger als den Mindestlohn von 260 JD im Monat. Extremes Elend sieht man jedoch selten, dank den Überweisungen der Auslandsjordanier sowie Hilfsgeldern aus dem Ausland, die Jordanien in der Krisenregion stabilisieren sollen.

SOZIALES

Arbeitslosenversicherung und Sozialhilfe sind in Jordanien weitgehend Fehlanzeige. Angehörige des Militärs, Sicherheitskräfte und Mitarbeitende im öffentlichen Dienst sind aber mit ihren Familien kranken- und rentenversichert. Kinder im Alter von bis zu sechs Jahren werden auf jeden Fall geimpft und erhalten medizinische Grundversorgung, unabhängig vom Status der Eltern. Schätzungsweise

Kaffee ist für die Jordanier mehr als nur ein Heißgetränk

20 bis 25 Prozent der Bevölkerung haben keine Krankenversicherung.

KAFFEEKULTUR

Kaffee, auf Arabisch *qahwa,* ist in Jordanien eine Lebenseinstellung. Die Beduinen zelebrieren das Rösten und Kochen des grünen Kaffees als feierliches Ritual zur Wertschätzung des Gastes. Das bittere, aromatische Getränk wird heiß in winzigen Schlucken genippt – höchstens dreimal hintereinander. Das vierte Schälchen solltest du ablehnen!

Die meisten Jordanier denken bei Kaffee übrigens nicht an beduinische Zeremonien, sondern an den überall und immer präsenten Mokka. Ob nach dem Aufwachen, zur Begrüßung oder nach einem guten Essen – immer wird ein Tässchen serviert, je nach Geschmack *sada* (ohne Zucker), *chafiif* (mit wenig Zucker) oder *masbuut* (mittelsüß). Oft wird der Mokka auch mit Kardamom *(heel)* oder Zimt *('irfe)* aromatisiert.

KÖNIGSFAMILIE

Die jordanische Königsfamilie führt ihre Abstammung auf den Propheten Mohammed zurück. Die Haschemiten hatten über Jahrhunderte die Aufsicht über die heiligen islamischen Stätten in Mekka und Medina inne. Seit 1924 sind sie Schirmherren der heiligen islamischen Stiftungen in Ostjerusalem. Die Ehefrau von König Abdullah II., Königin Rania, wurde als Tochter palästinensischer Eltern in Kuwait geboren. Das Paar heiratete 1993 und hat vier Kinder. Thronfolger ist der älteste, 1994 geborene Sohn Hussein.

MACHTZENTRALE

Jordaniens König ist nicht nur oberster Befehlshaber der Armee. Er kontrolliert die Exekutive, die Judikative und die Legislative. Das Wahlrecht und die Schwäche der Parteien sorgen dafür, dass in der vom Volk gewählten Abgeordnetenversammlung (Unterhaus) immer loyale Stammesvertreter die Oberhand haben und die meisten Abgeordneten parteilos sind. Die Mitglieder des Senats (Oberhaus) wählt der König direkt aus. Es gibt Frauenquoten im Parlament und in den Gemeinderäten, dennoch haben Frauen bislang wenig Anteil an politischen Entscheidungen. Medien werden streng kontrolliert, die Meinungsfreiheit ist sehr stark eingeschränkt.

BEDUINEN

Stolze Menschen, die die Freiheit lieben und mit ihren Kamelen die Sandmeere der Wüste durchqueren: Die beduinische Identität des Landes wird in Jordanien hochgehalten. Dabei waren die Vorfahren von König Abdullah II. gar keine Nomaden, sondern sesshafte Kaufleute in Mekka. Mit der beduinischen Lebensweise verbindet man in Jordanien traditionelle Werte wie Ehre, Gastfreundschaft, Ehrlichkeit und Mannhaftigkeit. Wer aus erster Hand ins Leben der Beduinen zwischen Tradition und Moderne eintauchen möchte, sollte sich das anrührende Buch „Im Herzen Beduinin" *(marriedtoabedouin.com)* von Marguerite van Geldermalsen besorgen. Die Neuseeländerin heiratete 1978 einen Beduinen aus Petra und wohn-

KLISCHEE KISTE

KEIN BIER, KEIN WEIN

Falsch! Auch wenn der Islam den Alkohol verbietet und viele Einheimische aus Glaubensgründen keinen Alkohol trinken: Gesetzlich ist der Konsum in Jordanien nicht untersagt. Mit staatlicher Erlaubnis wird Bier gebraut und verkauft, genauso wie Wein und der beliebte Anisschnaps Arrak. Man kann Weinproben buchen und sogar Bierproben, wie in der Carakale-Brauerei in Fuheis bei Amman. Die Qualität der Produkte ist meist gut, aber das Bier ist nicht billig – eine Flasche kostet umgerechnet 3–5 Euro.

ORDNUNG MUSS SEIN

Ordnungsliebe, Pragmatismus, Bildungsbeflissenheit – diese oft preußisch genannten Eigenschaften schreibt man auch den Menschen in Jordanien zu. Was Pragmatismus und Bildung angeht, ist da ganz sicher was dran. Beim Thema Umweltschutz sieht es leider anders aus: Öffentliche Strände sind teils übersät mit Zigarettenkippen, Landschaften nahe bewohnten Gebieten liegen voll mit Plastiktüten und Verpackungsmüll. Immerhin, das Bewusstsein für die Risiken der Plastikseuche wächst, ebenso wie der Wille, die Abfallentsorgung zu verbessern. Letztlich hilft vor allem: Abfall vermeiden. Leiste auch du deinen Beitrag, wo du kannst!

te acht Jahre lang mit ihm in einer Höhlenwohnung in der Felsenstadt.

PALÄSTINENSER

Der Anteil der palästinensischstämmigen Bevölkerung Jordaniens wird auf gut die Hälfte der rund 7,5 Mio. Staatsbürgerinnen und Staatsbürger geschätzt. Das Thema ist politisch brisant. Immer wieder kommt international die Idee auf, Jordanien könnte eine Ersatzheimat für die Palästinenser werden. König Abdullah II. lehnt das ab, offiziell fordert Jordanien weiterhin eine Zweistaatenlösung. Die Palästinenser in Jordanien haben zum großen Teil die jordanische Staatsbürgerschaft. Hohe Armee- und Staatsposten können sie aber weiterhin nur begrenzt erreichen. Und noch immer müssen mehrere Zehntausend Palästinenser ohne Papiere und klaren Rechtsstatus zurechtkommen.

GLAUBENSFRAGEN

Rund 97 Prozent der Menschen in Jordanien gehören dem Islam sunnitischer Prägung an, etwa zwei Prozent den christlichen Konfessionen. Die meisten muslimischen Frauen tragen ein Kopftuch. Doch die Verhüllung ist in Jordanien keine Pflicht. Auch Alkohol ist nicht von Staats wegen verboten, und in manchen Läden kann man Schweinefleischprodukte kaufen. Die meisten Gesetze – wie Strafrecht und Handelsrecht – sind nach europäischem Vorbild gestaltet. Nur beim Personenstandsrecht, also bei Themen wie Heirat, Scheidung, Sorgerecht für die Kinder und Erbrecht gilt in Jordanien religiöses Recht – und zwar sunnitisches islamisches Recht für Muslime und das jeweilige christliche Kirchenrecht für Christen. Für mit dem Vatikan verbundene Christen bedeutet das, dass sie sich – anders als Muslime und orthodoxe Christen – nicht scheiden lassen können.

PLASTIKPEST

Ein Plastikmüllstaubsauger? Ja, bitte! Nicht nur Touristen, sondern auch immer mehr Jordanier sind genervt von der Plastikpest. Bislang ist leider kein Konzept in Sicht, um die Sintflut an Getränkedosen, Plastikflaschen und -tüten, „Coffee to go"-Bechern und Styroporverpackungen einzudämmen. Pfandsysteme oder Verkaufsverbote sind kein Thema, und wer seinen Müll aus dem Auto auf die Straße wirft, muss keine Konsequenzen fürchten. Verschärfend wirkt, dass die meisten Kommunen nach oben offene Müllcontainer und Müllautos verwenden, sodass leichte Plastikabfälle schon auf dem Transport zur Deponie vom Wind hochgeweht werden und in die offene Landschaft fliegen. Auch fehlen Müllverbrennungsanlagen – viele Kommunen in Jordanien haben kein Budget dafür.

KOPFTÜCHER UND SONNENBRILLEN

Wenn man jordanische Frauen fragt, warum sie das Kopftuch tragen, erhält man oft die Antwort: „Weil ich nicht will, dass man nur auf mein Äußeres guckt." Doch viele junge Frauen tragen zwar den Hijab, ziehen aber auch enge Jeans an und machen sich auf Youtube schlau, wie man das Tuch zu einem poppigen Hingucker faltet. Mit den sozialen Medien und der kulturellen Globalisierung sind auch in Jordanien viele überkommene Vorstellungen ins Wanken geraten – inklusive der Geschlechterrollen. Junge Frauen mögen religiös sein und vielleicht sogar das islamische Heiratsrecht mit bis zu vier Frauen pro Mann okay finden, doch ansonsten lassen sie sich immer weniger gefallen. Das verunsichert viele Männer und befeuert den traditionellen Männlichkeitswahn manchmal erst recht.

Sowohl für einheimische Frauen als auch für Touristinnen gilt, dass bedeckende Kleidung nicht immer vor Anmache schützt. Die meisten Jordanierinnen wechseln bei blöden Sprüchen einfach die Straßenseite, und gegen unerwünschte Blickkontakte schützen große Sonnenbrillen.

LAWRENCE VON ARABIEN

Thomas Edward Lawrence (1888–1935), bekannt als Lawrence von Arabien, ist heute in Jordanien fast vergessen. Doch im Westen lebt die Legende weiter. Der in Oxford geborene Orientalist, Soldat, Archäologe und Schriftsteller trug als britischer Verbindungsoffizier im Ersten Weltkrieg dazu bei, dass die arabischen Stämme kooperierten und einen Guerillakrieg gegen die Osmanen führten. Der erste große Sieg war die Einnahme von Aqaba 1917. Doch die Araber fühlten sich verraten, weil sie von den Briten nicht das versprochene Großreich erhielten.

Prachtvolle Kuppel: König-Abdullah-Moschee in Amman

ESSEN SHOPPEN SPORT

Einkaufen in Salt: Hier gibt's auch Trockenfrüchte als Souvenir

سلط الصغير
للخضار والفواكه
(الغلاييني)
ار وفواكه الغلاييني
Small Mosque

ESSEN & TRINKEN

Politisch ist der Nahe Osten reichlich zersplittert, doch kulinarisch haben die Länder viel gemeinsam. Wer zu Hause einen syrischen oder libanesischen Imbiss um die Ecke hat, kennt schon einige Gerichte, die in Jordanien beliebt sind.

GUT UND GÜNSTIG ESSEN

Schnellrestaurants sind in Jordanien sehr verbreitet und meistens gut. Lecker satt machen hier Teigtaschen, *falafel* (frittierte Gemüsebällchen), *shawarma* (arabischer Döner), *hummus* (Kichererbsenpüree), *mutabbal* (Auberginenpüree) und Salate. Nachteil: Du musst dich entscheiden, was du am liebsten futtern möchtest!

EIN SPÄTES FRÜHSTÜCK …

Unter der Woche startet man in Jordanien mit einem Kaffee oder Tee in den Tag. Richtig gefrühstückt wird meist erst im Lauf des Vormittags, und es kann deftig werden. Ob auf dem Bau oder im Büro: Viele mögen Hummus, Falafel, *ful* (gekochte dicke Bohnen, mit Gewürzen, Zitrone und Olivenöl angemacht), *gallaya* (gebratene Tomaten mit Zwiebeln und Knoblauch) oder *batata mufarraka* (pikante Kartoffelwürfel). Am Wochenende gehören zum Frühstück oft eine frisch gebackene *man'ushe* (Pizza mit Zaatar oder Weißkäse) oder Hefeteigtaschen *(mu'ajjanaat)*.

… VERDIRBT NICHT DEN APPETIT

Die warme Hauptmahlzeit wird meist mittags eingenommen, teils auch abends, Sattmacher sind Reis, Nudeln, Kartoffeln, Rauchweizen *(freeke)*, *maftul* (dicker Couscous) und andere Getreideprodukte. Dazu gibt es Gemüse und – obwohl teuer – oft auch Fleisch, seltener Fisch. Nationalgerichte sind der Reis-Gemüse-Fleischtopf *maqlube* und das Reisgericht *mansaf* mit

Köstliche Sattmacher: Hummus und Falafel (Foto li.), dazu Fladenbrot (Foto re.)

Fleisch, Joghurtsauce und Mandeln. Die appetitliche, zartgelbe Färbung erhält der Reis übrigens nicht durch teuren Safran *(za'afaraan),* sondern durch weitgehend geschmacksneutrales, preisgünstiges Färberdistelpulver *('usfuriyya).*

Zusätzlich zum Hauptgericht stehen beim häuslichen Essen oft ein einfacher Salat, Oliven und eingelegtes Gemüse auf dem Tisch. Gegessen wird teilweise mit den bloßen Händen und direkt aus großen Schüsseln. Aber keine Sorge: Jordanier essen fast immer mit Teller und Besteck, Gäste ebenso.

„MMH" WIE MEZZE!

In Restaurants beginnt man üblicherweise mit den *mezze,* einem Mix aus kalten und warmen Vorspeisen, die in kleinen Schälchen serviert werden, aus denen sich jeder bedient. Die Auswahl an fleischlosen Gerichten ist sehr groß: Hummus, Mutabbal, *baba gannouch* (Püree aus gegrillten Auberginen), Falafel, gefüllte Weinblätter, Petersilien-Bulgur-Salat, Halloumi-Käse, weißer Frischkäse *(labneh)* oder gegrilltes Gemüse, außerdem *tahina* (würzige Sauce aus Sesambrei, Wasser und Zitrone) oder *shanklish,* ein Frischkäse aus getrocknetem Joghurt, der mit verschiedenen Kräutern und Gewürzen gemischt wird.

FISCH & FLEISCH

Da man nach den Mezze meist schon ziemlich satt ist, sollte man mit der Bestellung des Hauptgerichts gegebenenfalls etwas warten. Vor allem für Vegetarier ist das sinnvoll, denn das Hauptgericht besteht fast immer aus gegrilltem Fleisch oder Fisch. Frischen Fisch gibt es übrigens nur in Aqaba, sonst wird er meist tiefgefroren aus dem Jemen oder Saudi-Arabien importiert.

Heißer Tee ist eine beliebte Erfrischung, auch nach dem Essen

Wenn sich die Gelegenheit ergibt, sollte man auch die beduinische Variante des Mansaf probieren: Auf einen Berg Reis werden Stücke von Lammfleisch oder Geflügel gelegt. Getränkt ist der Reis mit einer speziellen Sauce, basierend auf Kameljoghurt. Dieser wird zunächst getrocknet und zu Kugeln *(jameed)* geformt und in Käsegeschäften verkauft. Ein Stück der Kugel wird dann zerbröselt und unter Zugabe von Wasser wieder flüssig gemacht. In der modernen jordanischen Küche mischt man Jameed oft mit Kuhmilchjoghurt, weil der reine Geschmack vielen zu streng ist.

SÜSSES GLÜCK

Zum Dessert nimmt man in der Regel Obst wie beispielsweise Wassermelone. Gehaltvolle Süßspeisen isst man eher als Zwischenmahlzeit, meist spätnachmittags oder abends. Besonders beliebt sind diese drei: *knafeh* (ein flacher, heißer Weißkäse mit gerösteten Fadennudeln und Sirup), *baklava* (süß gefüllter Blätterteig) und *attaif* (kleine, leichte Crêpes, mit Nüssen oder einer Art Ricotta gefüllt und mit Honig beträufelt). Sie sind eine Spezialität im Fastenmonat Ramadan.

VON WASSER BIS KAFFEE

Die meisten Jordanier trinken keinen Alkohol. Zum Essen gibt es Wasser, Softdrinks oder einen milden Trinkjoghurt *(laban)*. Fruchtsäfte gelten eher als eine eigene Mahlzeit.

Die lokalen Biere in Jordanien sind gut. Lokale Weine stammen unter anderem aus der Region Sama in Nordjordanien. Zumot-Weine (auch den berühmten St. George) bekommt man in Amman im Geschäft der Familie in Wadi Saqra sowie in großen Supermärkten und am Flughafen im Duty-Free-Shop. Falls man im Restaurant Wein, Bier oder Arrak trinken möchte, sollte man bei der Tischreservierung fragen, ob alkoholische Getränke ausgeschenkt werden. Nicht alle Restaurants haben eine Lizenz.

Nach einem zünftigen jordanischen Essen trinkt man Tee mit frischer Minze oder Kaffee. Bei privaten Einladungen ist der Kaffee meist auch ein höfliches Zeichen dafür, dass das Zusammensein allmählich ausklingen sollte.

Unsere Empfehlung heute

Vorspeisen

SHORBAT ADAS
Pürierte gelbe Linsensuppe mit Croûtons und Zitrone

KUBBA
Warme Frikadellen aus Bulgur (gekochter, getrockneter Weizen)

SAMBUSAK
Verschiedene warme Teigtaschen, gefüllt mit Hackfleisch, Käse, Kartoffeln, Zwiebeln oder Spinat

TABBULEH
Petersiliensalat mit Zwiebeln, Minze, Weizenschrot, Olivenöl und Tomatenwürfeln

AURAK EINAB
Weinblätter, gefüllt mit Reis und Rosinen

Hauptgerichte

SHISH KEBAB
Lammstücke am Grillspieß

SHISH TAWUUK
Hähnchenstücke am Grillspieß

SAYADIYA
Fisch auf Gemüsereis gebacken

MANSAF
Reis mit Fleisch, Joghurtsauce und Mandeln

MAKLUBEH
Reis mit Auberginen, Blumenkohl, Karotten und Fleisch

Desserts

BATICH
Wassermelone

MHALLABIYA
Pudding mit Rosenwasser

Getränke

ASSIR BURTUQAL
Frisch gepresster Orangensaft

ASSIR LAIMUN
Frischer Limonensaft

KARKADEH
Hibiskussaft

QAHWA SADA
Türkischer Kaffee

SHAY
Tee, auf Wunsch mit frischer Minze *(shay bil na'ana'a)*

SHOPPEN & STÖBERN

Extravagante Kissen oder poppige Palästinensertücher? Edles Olivenöl oder feiner Süßkram? Passende Mitbringsel muss man in Jordanien nicht lange suchen. Feilschen (starte bei einem Drittel des verlangten Preises) kannst du fast überall, nur nicht in den modernen Einkaufszentren und in Kooperativen. Tipp: Hol dir bei der Ausreise die Mehrwertsteuer zurück. Dazu lässt man sich seine Einkäufe auf einem Tax-free-Formular quittieren, beim Abflug muss man dann Quittungen und Ware beim Zoll vorzeigen (vor dem Check-in).

AROMAFALLE

Wenn du meinst, die Farbe Grün zu schmecken und deine Geschmacksknospen melden: „Mehr!" – dann hast du wahrscheinlich gerade in eine Zaatar-Pizza gebissen. Die Gewürzmischung aus Thymian, Sumach, Sesamsamen und Salz ist nicht nur lecker und gesund, sie hält sich auch über Monate frisch. Eine der besten Zaatar-Sorten hat Al Amana Dairy in Amman. Neben Gewürzen *(baharaat)* aller Art kann man auch frische Salbeiblätter *(meremiye)* und Blütentee *(zuhuraat)* in den Koffer packen, außerdem arabischen Kaffee (z. B. von Amid), gegebenenfalls mit Kardamom *(heel)*. Auch geröstete Nusskernmischungen von Al Rifai oder Dattelkekse von Zalatimo werden zu Hause bestimmt nicht alt.

KLARES MOTIV

Ob cooles Tanktop, kuscheliger Hoodie, kreative Küchenschürze oder braves T-Shirt: Gleich mehrere Labels haben sich in Amman auf originelle Baumwollteile spezialisiert. Bei Orenda Tribe, Mlabbas und Jobedu ist die Palette an Formen, Farben und Aufdrucken riesig. Farbe, Größe, Motiv nicht vorrätig? Bei Mlabbas kannst du

Schönes für zu Hause: kunstvolle Keramik (Foto li.) und aromatische Gewürze (Foto re.)

im Laden dein Wunschgimmick individuell bestellen und ein bis zwei Tage später abholen.

DEKO FÜRS LEBEN

Wie kommen die Sandbilder bloß in die Flasche? Die meisten Jordanienreisenden stellen sich fasziniert diese Frage, doch die Profis halten ihre Berufsgeheimnisse sorgsam unter Verschluss. Anders bei den Keramiken von Balian in der Rainbow Street in Amman: Hier kann man zuschauen, wenn die Namen auf Becher fürs Büro oder Türschilder gepinselt werden. Ist das Souvenir erstanden, lautet die bange Frage: Wie bekommen wir das zerbrechliche Zeug heil nach Hause? Tipp: Steingut und Keramik in Socken oder Papier einwickeln, das Ganze in Schuhe stopfen und diese gut gepolstert im Koffer platzieren.

SIDER-TIPP
Sag mir einen Namen

LIEBLINGSSTÜCK

Wohlgeruch wird im Nahen Osten sehr geschätzt, Körperpflege mit Hingabe betrieben. Aber ob in all den Produkten wirklich soviel Totes Meer drin ist, wie draufsteht? Es muss nicht immer die kiloschwere Salz- oder Schlammpackung sein. Ein Stück traditionelle Olivenölseife mit Lorbeeröl tut es auch: platzsparend, intensiv duftend, garantiert hautfreundlich und auf jeden Fall etwas Besonderes.

KETTE UND SCHUSS

In Mukawir, 60 km südwestlich von Amman, weben die Frauen des Beduinenstamms Bani Hamida schöne, dicke Teppiche in bunten Farben, verdienen damit eigenes Geld und tragen zur Entwicklung ihrer Community bei. Deine neu erstandenen Schätze kannst du auch nutzen, um empfindliche Mitbringsel darin einzuwickeln!

SPORT

Traumhaft schöne Korallenriffe, atemberaubende Canyons, wohltuend grüne, schattige Pinienwälder – all das und noch viel mehr wartet in Jordanien auf dich. Ob Tauchen, Trekking und Klettern, Biken, Windsurfen oder Yoga, es gibt unzählige Angebote. Auch Reittouren sind möglich.

KLETTERN

Ein Hauptziel der einheimischen und der internationalen Klettercommunity sind in Südjordanien die gewaltigen Felsformationen des Wüstengebiets Wadi Rum. Aber auch weiter nördlich im Wadi Dana, am Toten Meer und in der Umgebung Ammans finden Kletterfans anspruchsvolle Routen. Wer lieber indoor bouldert oder es einfach mal ausprobieren will, reserviert einen Slot in Jordaniens größter Kletterhalle: *Climbat (facebook.com/climbatjo)* befindet sich in einem Vorort von Amman, ca. eine halbe Autostunde vom Stadtzentrum entfernt.

LAUFEN

Warum nicht den Urlaub mit einer sportlichen Herausforderung verbinden? Marathons, Halbmarathons und Volksläufe finden in Jordanien übers Jahr verteilt immer dort statt, wo die Sonne gerade nicht so brennt: im Frühjahr am Toten Meer, im Herbst und Winter in Amman und Aqaba. Die Laufevents sind auch eine super Gelegenheit, Einheimische kennenzulernen. Informationen gibt's auf *visitjordan.com* oder *runjordan.com.*

Du kannst natürlich auch joggen, sogar mitten in Amman. Wer nicht auf Asphalt laufen möchte, kann auf den *Joggingpfad in der Sports City (gegenüber der Basketballhalle, Harun al-Rashid Street)* ausweichen. Fahr auf der Queen Alia Street stadtauswärts, bieg nach dem Hotel Regency Palace an der

Die roten Felswände im Wadi Rum sind ein Traum für Kletterer

Ecke des Royal Cultural Center rechts ab, wende nach 300 m und nimm den Eingang auf der rechten Seite.

RADFAHREN

Null Radwege, rücksichtslose Autofahrer, extreme Steigungen: Wer in Jordanien Rad fährt, braucht neben Fitness vor allem Nerven wie Drahtseile. Dennoch entdecken auch immer mehr Jordanier das Biken für sich. So ist in den vergangenen Jahren eine Bikerszene entstanden, und es gibt Anbieter, die Radwanderungen für Einheimische und Touristen organisieren, z. B. *Experience Jordan (experiencejordan.com)* und *Cycling Jordan (cyclingjordan.com)*.

REITEN

Rund um Amman gibt es mehrere ordentliche Reitställe. Für Ausritte in großer Landschaft eignet sich gut das sandige Wadi Rum – die endlose Weite bietet sich zum Galoppieren an. Tagestouren, auch mit Übernachtung, kannst du u. a. bei *Jordantracks (jordantracks.com/jordantracks-agency)* sowie bei *Wadi Rum Horse Adventures (wadirumhorseadventures.com)* buchen. Achtung: Nicht für Anfänger geeignet! Reiterfahrung und körperliche Fitness sind hier Bedingung.

Auch das Kamelreiten lernt man nicht von jetzt auf gleich. Beim kurzen Auf- und Abstieg fürs Erinnerungsfoto oder für die geführte Runde um die Dattelpalme reicht es, schwindelfrei zu sein. Für mehrstündige Touren oder gar Trekkings braucht man hingegen eine sehr gute körperliche Kondition. Wichtig: Da Kamele das auch für Menschen riskante Mers-Virus übertragen können, sollte man sich vor einem Kamelritt über die aktuelle Lage informieren. Informationen zum Thema findet man z. B. auf den Jordanien-Seiten des deutschen Außenministeriums.

TAUCHEN & SCHNORCHELN

★ Für Tauchfans ist Aqaba mit seiner bunten, aufregenden Unterwasserwelt das Hauptziel. Am Roten Meer finden fast alle etwas Passendes. Wer gern unabhängig von Sauerstoffflaschen sein möchte, bleibt an der Oberfläche und zieht mit Schnorchelset und Flossen los. Das Wasser ist meistens schön warm, ein Neoprenanzug ist nicht nötig. Aber aufgepasst, man braucht Sonnenschutz: Schultern und Waden eincremen und gegebenenfalls ein T-Shirt oder bedeckende Badekleidung anziehen!

Wer mit voller Ausrüstung tauchen oder einen Kurs machen will, hat die Wahl: Mehr als ein Dutzend kleine und große Tauchschulen buhlen in Aqaba um die Kundschaft. Dementsprechend breit gefächert und relativ bezahlbar ist das Angebot. Die meisten Schulen fahren mit Booten zu den Spots, die sich an der südlichen Küste bis zur saudischen Grenze hinziehen. Neben den natürlichen Riffen gibt es Angebote fürs Wracktauchen: Diverse Panzer, Frachtschiffe und Fluggeräte wurden eigens für Wreckdiving-Fans versenkt und verwandeln sich allmählich in menschengemachte Riffe. Auch die *Pharaonen-Insel,* die bereits in ägyptischen Gewässern liegt und besonders schöne Tauchgründe hat, ist ein beliebtes Ziel.

Nahezu alle Tauchschulen bieten Tauchkurse nach dem international gültigen PADI-System an, mit den entsprechenden Prüfungen. Die komplette Ausrüstung vom Tauchanzug über Flossen bis zu Sauerstoffflaschen kann man mieten, auch für Kinder.

TREKKING

Falsch geraten! Die da mit Rucksack und Farbeimern durch die freie Wildbahn ziehen und seltsame Zeichen auf Felsen und Bäumen hinterlassen, sind keine Außerirdischen: Sie gehören zur *Jordan Trail Association (jordantrail.org)* und sind dabei, Etappen des nationalen Wanderwegs von Umm Qais bis nach Aqaba zu markieren. Auf über 600 km verläuft die Strecke von Norden nach Süden, entlang der wichtigsten Naturschätze und Kulturdenkmäler des Landes. Einige Wanderführer organisieren Essen und Übernachtungen bei Einheimischen – ein Stück jordanisches Familienleben. Eine Liste mit Kontaktdaten der sogenannten *Service Providers,* nach Regionen sortiert, ist auf der Website zu finden.

Teile des Jordan Trail gehören zum *Abrahamsweg (Abraham Path | abraham path.org),* einem Projekt, das Wanderwege in der ganzen Region miteinander verbindet, von der Türkei über Syrien und Jordanien bis nach Israel und in die palästinensischen Gebiete. Auch in den Naturschutzgebieten Jordaniens warten viele Wander- und Kletterrouten darauf, entdeckt zu werden. Die Königliche Gesellschaft für Naturschutz (RSCN) ist fast überall präsent. Für die meisten Wege gilt, dass sie ohne technische Hilfsmittel begehbar sind, wobei die Skala vom einfachen Spaziergang bis zum anstrengenden Aufstieg mit Kletterstellen reicht.

Wichtig: Es gibt in Jordanien keine Bergrettung, viele Routen sind nicht überwacht. Wandere daher niemals allein, und gib Freunden oder der Hotelrezeption Bescheid, wohin du gehst

Mit guter Vorbereitung kann es losgehen: Trekking im Wadi Mujib

und wann du zurückkommst. Nimm immer ein voll aufgeladenes Handy mit, es kann nützlich sein, auch wenn es in vielen Schluchten keine Netzabdeckung gibt. Ebenfalls nicht vergessen: mindestens zwei Liter Trinkwasser, Kopfbedeckung und Sprühpflaster.

WINDSURFEN, SUP & CO.

Am South Beach in Aqaba kann man alle gängigen Wassersportarten ausüben bzw. ausprobieren – vom Windsurfen übers Kitesurfen und Stand Up Paddling bis zum Kajakfahren.

YOGA

Yoga liegt in Jordanien voll im Trend. Du hast die Wahl, vom Schnupperkurs in Amman bis zum mehrtägigen Retreat am Strand oder in den Bergen. Auch etliche Beduinencamps im Wadi Rum bieten Kurse an. Besonders schön gelegen ist das *Bedouin Yoga Camp (Suleman Hamad Alzalabieh & Laura Di Salvo | Wadi Rum Protected Area | 77110 Aqaba – Wadi Rum – Jordan | Whatsapp 00962 7 72 30 57 37 | Tel. 0049 173 7 99 09 90 | bedouin yogacamp@gmx.com)*. Neben den Retreats gehören hier auch Ausflüge im Wadi Rum und nach Aqaba zum Programm. Ein weiterer etablierter Anbieter, geleitet von Frauen, ist *Namaste Zone (namastezone.net)*. Wer selbst einen Yoga-Retreat organisieren möchte, kann ebenfalls geeignete Locations finden. Einige Beduinencamps in Petra und im Wadi Rum haben bereits Angebote hierfür entwickelt, und es gibt es immer mehr Gästehäuser und Lodges, wo Retreats in kleinen oder größeren Gruppen möglich sind.

DIE REGIONEN
IM ÜBERBLICK
Grün, bergig, idyllisch – den Routen der Römer und Kreuzfahrer folgen
MEDITERRANEAN
SEA
Irbid
DER NORDEN S. 58
al-Gubayha
az-Zarqā'
DER WESTEN S. 70
AMMĀN
Mādabā
Dead Sea
al Bahr al Mayyit
Spektakuläre Landschaften und spirituelle Hotspots entdecken
al-Mazra'
DIE KÖNIGSSTRASSE S. 80
ISRAEL
Der genialen nabatäischen Zivilisation auf die Spur kommen
aš-Šawbak
EGYPT
'Aqaba
DER SÜDEN S. 96
Gulf of Aqaba
Khal´j al 'Aqaba

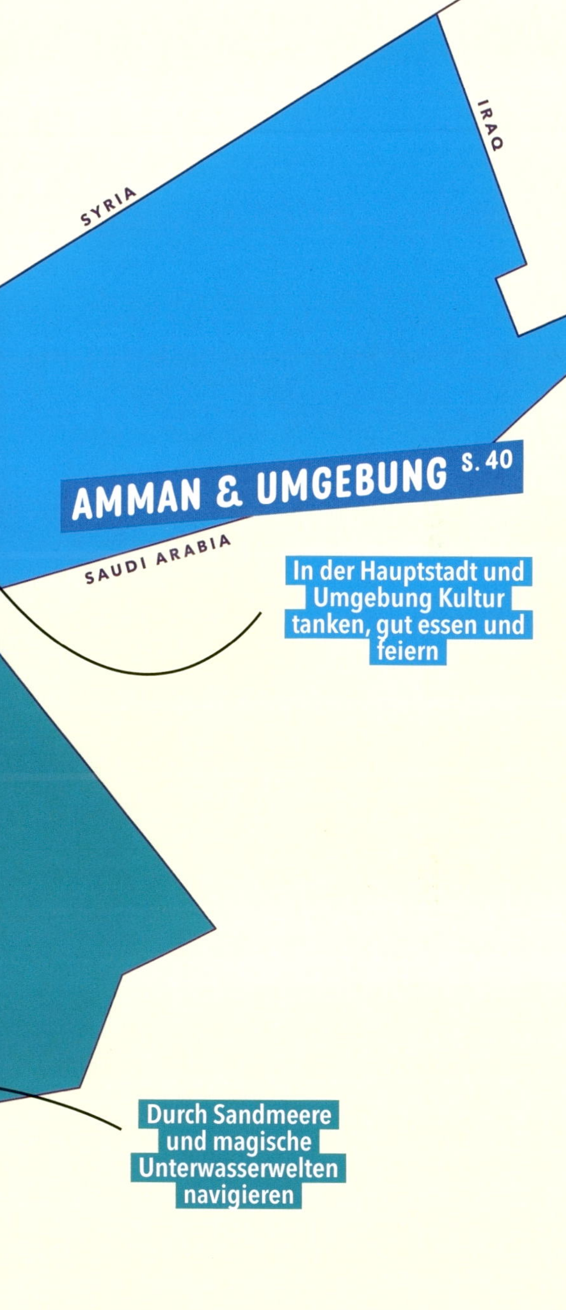
IRAQ
SYRIA
AMMAN & UMGEBUNG S. 40
SAUDI ARABIA
In der Hauptstadt und Umgebung Kultur tanken, gut essen und feiern
Durch Sandmeere und magische Unterwasserwelten navigieren

AMMAN & UMGEBUNG

BOOMTOWN DES NAHEN OSTENS

(D5) **An einem normalen Wochentag wirkt Amman (rund 5 Mio. Ew.) wie eine gewöhnliche Großstadt zwischen Tradition und Moderne, ohne orientalisches Flair. Autolawinen wälzen sich durch die breiten Straßen, die gesäumt sind von Geschäftshäusern, Wolkenkratzern, Werbetafeln und Großbaustellen.**

Erst downtown, auf dem Zitadellenhügel und im ehemaligen römischen Zentrum spürst du Ammans nahöstlichen Charakter, dann jedoch mit allen Sinnen. Der Ruf der Muezzine, das geschäftige Trei-

Amman ist eine moderne Hauptstadt mit orientalischem Flair

ben in den Suqs, arabische Schlager, die wilde Mischung aus Gerüchen von Kardamom über Wasserpfeife bis zu Fruchtcocktails, Abfall und Dieselabgasen – all das sagt dir: Willkommen im Orient! Etwas ruhiger als im quirligen Stadtzentrum geht es auf den historischen Hügeln zu, ob Jabal Webdeh, Jabal Amman oder Jabal Hussein. Zwischen sandfarbenen Gründerzeitvillen und gepflegten Gärten mit Kaskaden von Bougainvilleen kannst du spazieren gehen und den Charme des alten Amman erahnen.

AMMAN & UMGEBUNG

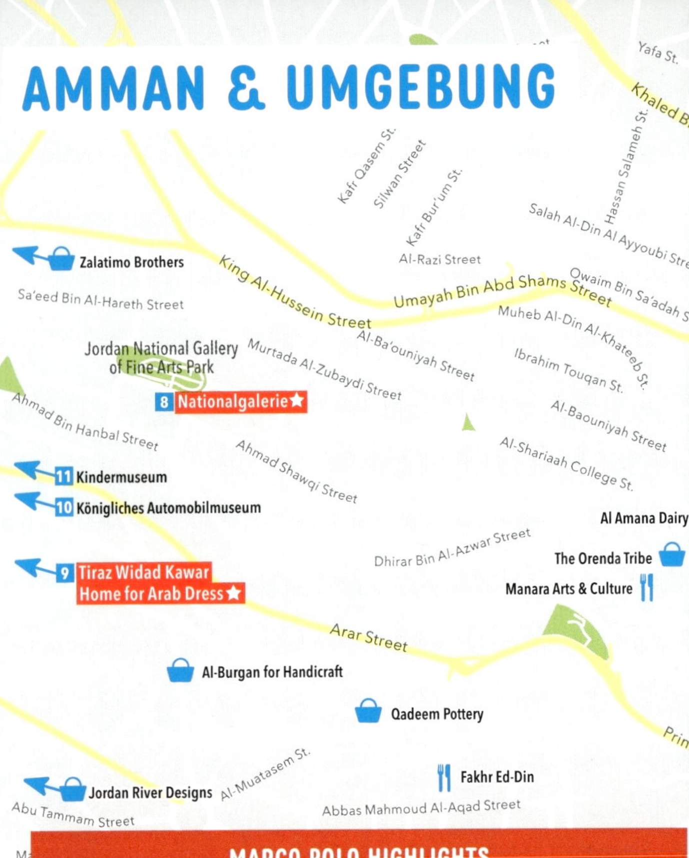

MARCO POLO HIGHLIGHTS

★ **JABAL AL-QALAA (ZITADELLE)**
Das antike Herz Ammans – perfekt für den ersten Blick über die Stadt ➤ S. 44

★ **RÖMISCHES THEATER**
Toll erhaltene Architektur aus dem 2. Jh.: Stufen rauf, hinsetzen, staunen! ➤ S. 46

★ **JORDAN MUSEUM**
Unwiderstehlicher Blick: die Ain-Ghazal-Statuen aus dem 8. Jahrtausend v. Chr. ➤ S. 44

★ **DARAT AL-FUNUN**
Kunstgalerie, Werkstatt, Paradiesgarten – entspannte Nachmittage im Schatten des Jasmins ➤ S. 46

★ **NATIONALGALERIE**
Arabische Gegenwartskunst in Hülle und Fülle, plus beste Lage am Webdeh-Park ➤ S. 46

★ **TIRAZ WIDAD KAWAR HOME FOR ARAB DRESS**
Weltweit größte Sammlung traditionell bestickter Kleidung aus Jordanien und Palästina ➤ S. 46

★ **SALT**
Arabien trifft Italien – Sommerfrische und Welterbestadt mit prachtvollen alten Wohnpalästen. Der Ort in luftiger Höhe verband früher die Gebiete östlich und westlich des Jordans miteinander ➤ S. 52

★ **FEUCHTLANDRESERVAT AZRAQ**
Wo du in der östlichen Wüste Zugvögel und Wasserbüffel entdecken kannst ➤ S. 55

★ **QASR AMRA**
Ganz unverschleiert: das einsame Wüstenschlösschen mit Fresken aus frühislamischer Zeit ➤ S. 56

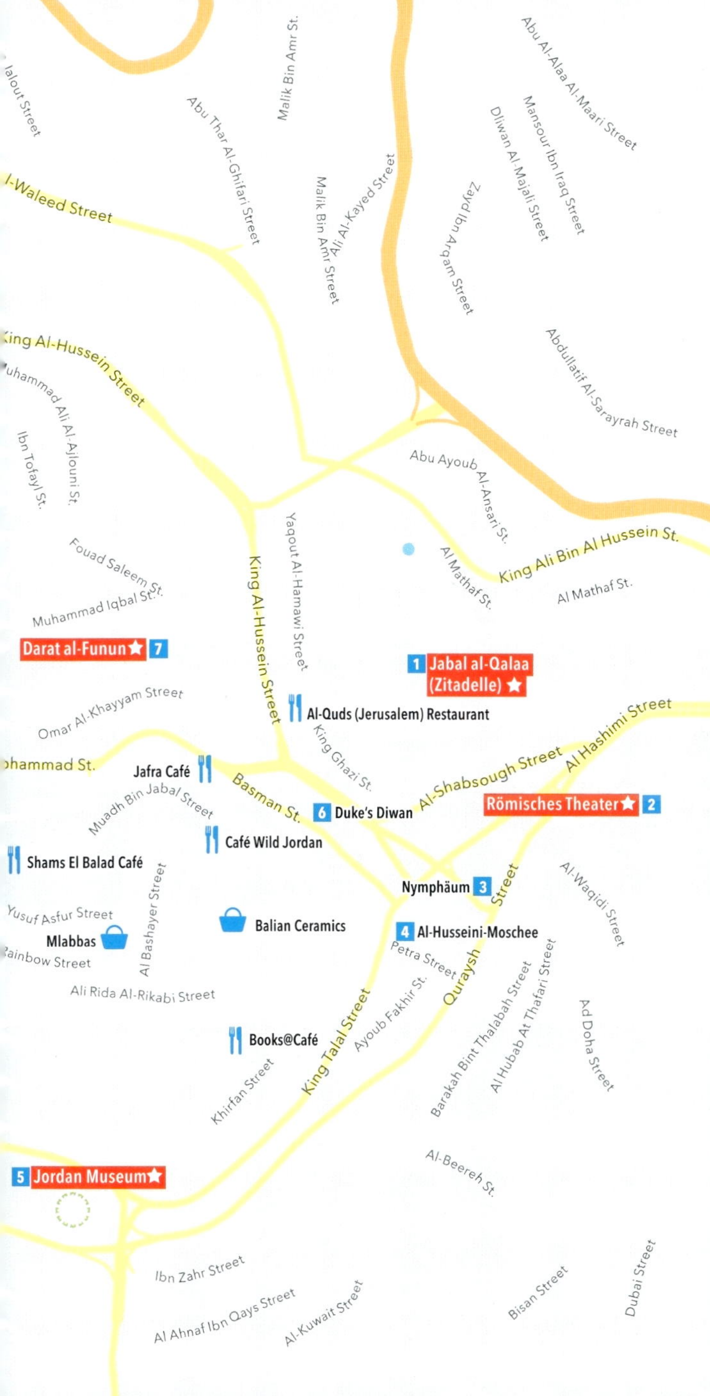

Darat al-Funun 7
1 Jabal al-Qalaa (Zitadelle)
Al-Quds (Jerusalem) Restaurant
Jafra Café
6 Duke's Diwan
Römisches Theater 2
Café Wild Jordan
Shams El Balad Café
Nymphäum 3
Balian Ceramics
Mlabbas
4 Al-Husseini-Moschee
Books@Café
5 Jordan Museum
Malik Bin Amr St.
Abu Al-Alaa Al-Maari Street
Mansour Ibn Iraq Street
Dliwan Al-Majali Street
Abu Thar Al-Ghifari Street
Ali Al-Kayed Street
Malik Bin Amr Street
Zayd Ibn Arqam Street
Abdullatif Al-Sarayrah Street
King Al-Hussein Street
Ibn Tofayl St.
Abu Ayoub Al-Ansari St.
King Ali Bin Al Hussein St.
Yaqout Al-Hamawi Street
Fouad Saleem St.
Al Mathaf St.
Muhammad Iqbal St.
Omar Al-Khayyam Street
King Ghazi St.
Al Hashimi Street
Al-Shabsough Street
Basman St.
Muadh Bin Jabal Street
Al-Waqidi Street
Yusuf Asfur Street
Al Bashayer Street
Petra Street
Quraysh Street
Ali Rida Al-Rikabi Street
Ayoub Fakhir St.
Barakah Bint Thalabah Street
Al Hubab At Thafari Street
Ad Doha Street
King Talal Street
Khirfan Street
Al-Beereh St.
Ibn Zahr Street
Al Ahnaf Ibn Qays Street
Al-Kuwait Street
Bisan Street
Dubai Street

SIGHTSEEING

1 JABAL AL-QALAA (ZITADELLE) ★

Die Zitadelle ist immer ein besonderes Erlebnis, toll auch für Kinder. Hier oben kann man einen Nationalsport der Jordanier aus der Nähe beobachten: Hunderte von Tauben kreisen am späten Nachmittag über der Stadt, bevor sie im zartrosa Abendlicht in ihre Taubenschläge auf den Dächern zurückkehren. Auf dem Gelände befinden sich Relikte verschiedener Epochen. Links vom Eingang liegen die Ruinen eines im 2.Jh. erbauten Herkules-Tempels. Hinter dem kleinen *Archäologischen Museum* am Ende eines Ruinenfelds steht der restaurierte Eingangsraum des Omayyaden-Palasts aus dem 7.Jh. – der einzige Teil des Palasts, der ein Erdbeben im Jahr 749 überstand. *April–Okt. tgl. 8–20, Nov.–März Sa–Do 8–17, Fr 9–17 Uhr | Eintritt 3 JD inkl. Museum, mit Jordan Pass frei, Kinder bis 12 Jahre kostenlos | Führung auf Deutsch ca. 20 JD/Stunde | 1–2 Std. | e5*

WOHIN ZUERST?

Zitadellenhügel *(Jabal al-Qalaa)* *(e5):* Von hier hast du den schönsten Blick auf das Römische Theater und die Altstadt. Fahr am besten mit Taxi oder *Careem* (App runterladen), Busse sind oft nur auf Arabisch bezeichnet. Den Mietwagen lass besser stehen.

2 RÖMISCHES THEATER ★

Uff! Die Stufen sind so hoch, die Treppen so steil. Aber oben angekommen, ist der Stress schnell vergessen. Stell dir vor, wie in alter Zeit bis zu 6000 Zuschauer auf den Rängen saßen, vor sich die kolossale Bühne und dahinter die grünen Auen und das Wadi (Flusstal) des Amman. Das Theater ist beliebt bei Musikfans, von Frühjahr bis Herbst gibt es Konzerte von Pop bis Klassik, Opern und Theateraufführungen, oft in Kooperation mit ausländischen Kulturinstituten. *Sa–Do 8.30–19, Fr 10–16 Uhr | Eintritt 2 JD, mit Jordan Pass frei | Al-Hashimi Street | 1 Std. | f5*

3 NYMPHÄUM

Auf dem Weg vom römischen Theater zur Al-Husseini-Moschee kommt man an dem monumentalen Prachtbrunnen vorbei, den die Römer gegen Ende des 2.Jhs. n.Chr. errichteten. Das Wasser für den Brunnen kam aus dem Wadi Amman, der heute unter der Straße verborgen ist. *Eintritt frei | 30 Min. | e6*

4 AL-HUSSEINI-MOSCHEE

Auf dem weiträumigen Platz vor der Moschee ist immer etwas los. Der Bau mit den beiden eleganten Minaretten stammt aus den 1920er-Jahren. Für Einzelreisende normalerweise nur von außen zu besichtigen. *Al-Hashimi Street | 15 Min. | e6*

5 JORDAN MUSEUM ★

Im Jordan Museum – weithin erkennbar am Eisenbahnwaggon vor der Tür – geht es auf mehreren Tausend Quadratmetern Ausstellungsfläche um die

Geschichte des heutigen jordanischen Staatsgebiets, von der Steinzeit bis zur Moderne. Hier triffst du auch die über 10 000 Jahre alten Statuen aus Ain

Auf Augenhöhe: Statuen aus Ain Ghazal im Jordan Museum

Ghazal bei Amman mit ihrem bohrenden Blick. Sie gehören zu den ältesten Großplastiken der Welt. *Mi/Do und Sa–Mo 9–16, Fr 14–17.30 Uhr | Eintritt 5 JD, Jugendliche bis 17 Jahre 0,50 JD, Kinder bis 12 Jahre frei | Ras al-Ain | jordanmuseum.jo/en | 1–2 Std. | d6*

6 DUKE'S DIWAN

Originale wie er sind es, die Amman so liebenswert machen: Der pensionierte Ingenieur Mamduh Bisharat hat in Downtown Amman ein vom Abriss bedrohtes Gebäude aus dem Jahr 1924 gerettet und ein originelles Museum eingerichtet – mit Fundstücken aus über 100 Jahren Stadtgeschichte. *April–Okt. Sa–Do 10–18, Nov.–März 10–17 Uhr | Eintritt frei | King Faysal Street 12 | 30 Min. | e5*

7 DARAT AL-FUNUN ★

Das „Haus der Künste" ist einer der ruhigsten und inspirierendsten Orte in Amman. Hier trifft man sich im Schatten von duftendem Jasmin und leuchtenden Bougainvilleen zum Plausch. Du kannst ein Buch lesen oder dem plätschernden Springbrunnen lauschen. Geh auf eine Erkundungstour durch das weitläufige Gelände am Hang, schau dir die byzantinische Kirchenruine an oder plaudere mit internationalen und einheimischen Kunstschaffenden, die hier auf Zeit wohnen und arbeiten.

INSIDER-TIPP
Kunstgenuss am Springbrunnen

Wenn schon bunt, dann richtig: Oldtimer im Königlichen Automobilmuseum

Sa–Do 10–19 Uhr | Eintritt frei | Nimer bin Adwan Street, Jabal Webdeh | darat alfunun.org | 1 ½ Std. | e5

8 NATIONALGALERIE ★

Sag im Taxi „Muntasah Al Webdeh" (Webdeh-Park). In der fast 3000 Werke starken Kollektion sind bekannte Kunstschaffende der Region vertreten, z. B. Ammar Khammash (Jordanien), Rafi Nasiri (Irak) und Vera Tamari (Palästina). *Sommer Sa–Do 9–19, Winter 9–17 Uhr | Eintritt 7 JD | Husni Fareez Street 6, Jabal Webdeh, Al Muntazah Circle | facebook.com/JNGFA | 1 Std. | c5*

9 TIRAZ WIDAD KAWAR HOME FOR ARAB DRESS ★

Kleider erzählen Geschichte: Die weltgrößte Sammlung bestickter palästinensischer und jordanischer Kleidung feiert die kreativen Frauen in der Region und trägt dazu bei, die kulturelle Identität zu erhalten. Wechselnde Ausstellungen. *So–Do 10–16, Sa 11–17 Uhr | Riyadh Al Mifleh Street 19, zwischen 4th und 5th Circle | tiraz centre.org/en | 1 Std. | a5*

10 KÖNIGLICHES AUTOMOBILMUSEUM

Topadresse für Oldtimerfans. *Mi–Mo 10–19 Uhr | Eintritt 3 JD | King Hussein Park, Abfahrt von der King Abdullah II. Street, die vom 8th Circle Richtung Irbid führt | royalautomuseum.jo | 1 Std. | 0*

11 KINDERMUSEUM

Sich austoben, Spaß haben und die Welt verstehen! Das Museum ist klimatisiert, teilweise mit Wasserspielen und weitläufig, daher gut zum Toben, vor allem an heißen Tagen. Für manche Lernstationen braucht man Englisch, aber der Großteil ist selbsterklärend. *Sa–Do 9–18, Fr 10–19 Uhr | Ticket 3 JD, Erwachsene nur in Begleitung von Kindern | King-Hussein-Park, Abfahrt von der King Abdullah II. Street, neben dem Automobilmuseum | cmj.jo | 2–3 Std. | 0*

VILLENVIERTEL

Und es gibt sie doch – Orte, an denen man in Amman noch genussvoll zu Fuß gehen kann. Das Villenviertel auf dem Jabal Amman lockt mit alten, wunderschönen Häusern aus der Gründerzeit, oftmals mit schattigen Höfen, in denen Zitronenbäume und Jasminsträucher blühen. Teils wohnen die Besitzer noch in den Villen, teils haben Geschäfte oder Restaurants und Cafés, wie das *Mijana (Ahmad bin Toloon Street 8)*, darin eröffnet. *d–e6*

INSIDER-TIPP
Flanieren im Villenviertel

ESSEN & TRINKEN

AL-QUDS (JERUSALEM) RESTAURANT

Eine Institution. Hier sitzen Einheimische und Touristen, und alle wollen dasselbe: futtern wie bei Muttern zu fairen Preisen. Für den süßen Zahn: Das Mastixeis mit grünem Pistazienmantel gibt es kiloweise verpackt oder zum Mitnehmen auf die Hand. *Tgl. | Downtown am Anfang der King Hussein Street | Tel. 06 4 63 01 68 | €–€€ | e5*

JAFRA CAFÉ

Zu jeder Tageszeit. Und Alltagskino inklusive: Vom Balkon des Jafra hast du freie Sicht auf das pralle Leben in Downtown Amman. Bei Mokka und Shisha locken der neueste Klatsch, Lesungen und andere Kulturevents. *Tgl. | offener, breiter Hauseingang gegenüber der ehemaligen Post, 1. Etage | Tel. 06 4 62 25 51 | €–€€ | e5*

CAFÉ WILD JORDAN

Vorsicht, Bauklötze auf dem Boden: Die Spielecke zieht an Wochenenden Familien mit Kindern zum Brunch (9–12 Uhr) an. Ab 13 Uhr gibt es täglich jordanische Tellergerichte – hier kann man Klassiker wie *shushbarak* (tscherkessische Ravioli in Joghurtsauce) oder *meloukhia* (Blattgemüse mit Knoblauch und Öl) probieren. Während man auf das Essen wartet, kann man sich über Umweltthemen informieren, denn das Gebäude ist auch Sitz der Königlichen Naturschutzgesellschaft RSCN. Abends beim Essen und einem Glas Wein lässt sich der Blick auf die Lichter des nächtlichen Amman genießen. *Tgl. | Osman bin Affan Street 36 (geht von der Rainbow Street ab) | Tel. 06 4 63 35 42 | wildjordancafe-jo.com | €–€€ | e6*

INSIDER-TIPP
Dinner mit Aussicht

BOOKS@CAFÉ

Legendär! Der Weg ins Café führt durch die Kunstgalerie Jacaranda. Die Galerie ist ziemlich teuer, doch das „Books" bleibt erschwinglich. Eiskaltes Bier, knusprige Pizzen, dazu traumhafte Ausblicke – genau das Richtige für einen lockeren Abend. Nachmittags ist es ruhig und kühl genug, um Mails zu schreiben oder mit Freunden zu reden. *Tgl. | Omar Bin al-Khattab Street 12 (geht von der Rainbow Street ab) | Tel. 06 4 65 04 57 | booksatcafe.com | €€ |* e6

SHAMS EL BALAD CAFÉ

Bodenständig und umweltbewusst – ob Salate, arabische Pizzen, Kuchen oder Desserts: Hier schmeckt alles lecker. Die Zutaten kommen aus lokalem Bioanbau, das kostenlos zum Essen servierte Wasser gefiltert aus der Leitung. Plastikflaschen und Verpackungsmüll sind tabu. Weitläufiger Außenbereich, nett für Familien. *Tgl. | Mu'ath bin Jabal Street 69 | Tel. 06 4 65 11 50 | €–€€ |* e6

FAKHR ED-DIN

Der Mix aus Glamour und Bodenständigkeit macht's, neben der feinen libanesischen Küche und der Inneneinrichtung von Jordaniens Stardesigner Ammar Khammash. An lauen Sommerabenden tafelt man lässig im weitläufigen Garten, wo Jasmin, Lorbeer, Aprikosen und Mandeln wachsen. Shisha wird angeboten, es gibt aber auch einen Nichtraucherbereich. Ab 13 Uhr. *Tgl. | Taha Hussein Street, 1st Circle, hinter der irakischen Botschaft | Tel. 06 4 65 23 99 | €€–€€€ |* d5

MANARA ARTS & CULTURE

Großes, auf zwei Etagen angelegtes Caférestaurant in modernem Design. Schöne Terrasse mit phantastischem Ausblick auf den Jabal Amman und sehr gutes, sicheres WLAN (Gäste erhalten individuelle, zeitlich begrenzte Codes). Einziger Minuspunkt: Getränke werden in Plastik- und Pappbechern serviert. Mach ein Statement und bitte ausdrücklich um Glas oder Tasse. Ausstellungen und Konzerte werden auf Social Media angekündigt. *Tgl. | Dirar bin Alazwar Street 57, Jabal Webdeh | Tel. 079 6 90 33 77 | info@manaraculture.com | €€ |* d5

INSIDER-TIPP
Sicher im Netz surfen

JABAL WEBDEH

Füße hoch, Augen schließen, die Sonne genießen: In der *Cafébar Maestro (Baouniyeh Street 52)* perlt zur Happy Hour draußen ein Prosecco im Glas, während die Band drinnen am Sound für die abendliche Jamsession bastelt. Ganz in der Nähe, im *Jasmine House (Nr. 26)*, lässt die Künstlerschickeria bei einer Vernissage die Korken knallen. In gemütlichen Cafés wie *Rakwat Arab, Rumi* oder *Zokak* treffen sich Reisende, Expats aus aller Welt und Einheimische.

INSIDER-TIPP
Jamsession zur Happy Hour

Kein Zweifel, der ehemals beschauliche Stadtteil ist das neue Szeneviertel von Amman. Teste den Geschmack des Orients bei *Zuwwar (Kulliyat Al Shareeah Street | links neben Petra National Trust in Nr. 28)*: Nadschib aus Damaskus backt *mu'adschannat*, gefüllte Teigtaschen und Brotrollen. Megalecker: Dreiecke mit Spinat *(sabanekh)*,

INSIDER-TIPP
Satt für kleines Geld

Mini-*shrak* (hauchdünnes Brot) mit Hähnchen-Sumak-Füllung und Schiffchen mit pikanten Kartoffeln. Ebenfalls gut und günstig ist die traditionsreiche *Patisserie Fayrouz (Kulliyat Al Shareeah Street 11).* d–e5

SHOPPEN

AL AMANA DAIRY

Der Gründer stammt aus Syrien. Der weit über Amman hinaus bekannte Delikatessenladen ist schon zum Angucken schön. Neben diversen Milchprodukten gibt es hier ein hervorragendes, besonders wild schmeckendes Zaatar, außerdem Oliven und eingelegte Auberginen.

DER-TIPP
reisetauglich verpackt

Lebensmittel als Mitbringsel sind empfindlich, hier kann man die Leckereien vakuumverpacken lassen. *Farazdaq Street 13, Jabal Webdeh* | d5

THE ORENDA TRIBE

Kauf ein T-Shirt und finanziere Kunstunterricht für Kinder aus Familien mit wenig Geld – das gehört zum Konzept dieses Sozialunternehmens. Im Shop gibt es neben farbenfrohen Shirts für alle Altersklassen auch schöne Mal- und Bilderbücher. Direkt nebenan können Kinder und Erwachsene im Atelier an Kunstaktivitäten teilnehmen (Kosten 5–20 JD inkl. Materialien). *Manara Arts & Culture, 1. Etage | Dirar bin Alazwar Street 57, Jabal Webdeh | theorendatribe.com* | d5

BALIAN CERAMICS

Jedes Teil ist einzigartig: Türschilder, Trinkbecher oder Dekofliesen von Balian, auch mit individueller Beschriftung zu haben. Eine Hommage an die unsterbliche Kultur der Armenier im Nahen Osten. *Rainbow Street 8, Jabal Amman | armenianceramics.com* | e6

Kaffee, Bücher aus zweiter Hand, Internet – das Books@Café macht glücklich

MLABBAS

T-Shirts, Sweatshirts, Hoodies, Tassen … Hier kannst du T-Shirts mit arabischen Schriftzügen direkt mitnehmen oder nach eigenen Wünschen bestellen. Für 5 JD gibt es dekorativ bedruckte Kaffeebecher mit der jordanischen Kultfigur Abu Mahjoob plus Familie, im Stil der Simpsons, oder z. B. auch mit Versen des palästinensischen Dichters Mahmud Darwish. Ein tolles Mitbringsel! *Rainbow Street, gegenüber Fatatri Restaurant* | *e6*

INSIDER-TIPP
Jordanische Simpsons

QADEEM POTTERY

Kreativ, praktisch, schön und in vielen Größen: Nicht ganz billig, aber die Designs der Keramikkünstlerin machen glücklich. Ein schicker Kaffeebecher oder ein Set Mokkatassen passen immer noch ins Handgepäck! Einzelstücke werden auch in der Galerie Jacaranda (beim Books@Café) angeboten. *Al Moa'tasem Street, 2nd Circle, Jabal Amman* | *qadeemarabia.com* | *d5*

AL-BURGAN FOR HANDICRAFT

Bestickte Tischdecken, Stoffe, Leinenwaren und teilweise alte Möbel gibt es in diesem traditionsreichen Familienbetrieb hinter dem Hotel Intercontinental. *Tala't Harb Street 12, 2nd Circle, Jabal Amman* | *alburgan.com* | *c5*

ZALATIMO BROTHERS

Bei Zalatimo werden auch Kalorienzähler schwach! 1860 wurde die Firma in Jerusalem gegründet, und die Rezepte haben sich seither nur unwesentlich geändert: Hauchdünner Mürbteig umhüllt raffinierte Füllungen aus Datteln, Walnüssen oder Pistazien. Die Angestellten packen dir die Köstlichkeiten liebevoll in stabile Metalldosen, damit sie auch längere Reisen heil überstehen. *Jawharat Al-Quds Building, Abdali* (*c-d4*) | *Filiale: Abdel Hamid Sharaf Street, Shmeisani* (*b4*) | *zalatimo.com*

JORDAN RIVER DESIGNS

Poppig bunt oder traditionell – hier gibt es schöne Souvenirs aus Jordaniens verschiedenen Regionen. Schirmherrin der NGO ist Königin Rania. *Mawloud Mukhalles Street (am 5th Circle Richtung Süden, nach dem Arab Medical Center zweite Straße rechts, gegenüber Royal Jordanian), Abdoun* | *jordanriverdesigns.com* | *0*

SHOPPINGMALLS

Die Marken sind weltweit dieselben, aber an heißen Tagen ist man manchmal froh über die Klimaanlagen. Besonders vielfältige Angebote hat die *City Mall (gegenüber dem King Hussein Park, unweit vom 8th Circle* | *city mall.jo* | *0)*. Ebenfalls gut sortiert und zentraler gelegen ist die *Taj Mall (Abdoun* | *a6)*.

SPORT & SPASS

JADAL CENTER FOR CULTURE

Downtown, mit hübschem Innenhof. Hier gibt's kulturelle Angebote, Konzerte, Lesungen und Sprachunterricht. Freiwillige können hier Veranstaltungsangebote machen oder Kochevents organisieren, Anfragen am

Nein, kein gelandetes Ufo: Die City Mall ist Shopping-Fluchtpunkt vor der Hitze

besten per Facebook an das Team. *Tgl. | Zugang durch eine schmale Tür an der Kalha-Treppe, King Hussein Street, gegenüber Al Quds (Jerusalem) Restaurant | €–€€ | ▯ e5*

SCHWIMMBÄDER

Das gepflegte, gut ausgestattete *Freibad in der Sports City (City Club Swimming Pools | April–Okt. tgl. 8–18 Uhr | Eintritt Erw./Kinder 15 JD | ▯ b1)* hat ein Sprung- und ein Sportschwimmbecken, plus Kinderbereich. An der Straße zum Flughafen liegt das Spaßbad *Amman Waves (April–Sept. tgl. 10–19 Uhr | Eintritt 23 JD, Kinder 17 JD | vom 7th Circle Richtung Flughafen, nach ca. 12 km ausgeschildert | ammanwaves.com | ▯ c2).*

WELLNESS

TÜRKISCHES BAD

Der Tag war lang, die Batterie ist alle? Im Hamam *Alf Layla Wa Layla* (Tausendundeine Nacht) entspannst du auf warmen Steinen und schaust in die Sternenkuppel, während das Personal den Schlamm für die Gesichtsmaske vorbereitet. Getrennte Bereiche für Männer und Frauen. *Tgl. 9–24 Uhr | ab 30 JD | Al Madina Al Munawwara Street 191, Al Nomani Building | Voranmeldung empfohlen | Tel. 079 8760196 oder 06 5528868 | auf Facebook | ▯ 0*

AUSGEHEN & FEIERN

VINAIGRETTE

Hier zählt die Aussicht! Viele Gäste kommen nicht wegen des (eher durchschnittlichen) Sushis her, sondern wegen des unschlagbaren Blicks über das nächtliche Lichtermeer von Amman. *Tgl. | Seiteneingang des Al-Qasr Metropole Hotel, Shmeisani | Reservierung erforderlich | Tel. 06 5620528321 | €€–€€€ | ▯ b3*

ABDOUN CIRCLE

Gemütlicher TV-Abend mit der Familie? Bloß nicht! Der Abdoun Circle gehört mit seinen Bars und Cafés zu den Lieblingsausgehmeilen der Upperclassjugend von Amman. Wasserpfeifen mit allen Aromen blubbern im *TcheTche*, im leicht dämmrigen *Blue Fig* sorgen Livebands für Stimmung. Im *Flow* nahe der Taj Mall wird anschließend bis zum frühen Morgen getanzt, donnerstags und freitags legen internationale DJs auf. *a–b6*

KINO, THEATER & KONZERTE

Unter *beamman.com/calendar* findest du die aktuellen Termine. Die meisten Kinosäle befinden sich in den großen Einkaufszentren, sie zeigen meist US-Blockbuster, ägyptische Komödien und Bollywood. Große Kinoketten sind z. B. *ammancinemas.com, tajcinemas.com* und *prime.jo.* Autorenfilme laufen unter anderem im *Rainbow Art House (e6) (Rainbow Street 47)* und in den großen öffentlichen Kulturzentren. Die *Royal Film Commission (e6) (Eintritt zu den Filmvorführungen frei | Mango Street 5 | Tel. 06 4 64 22 66 | film.jo)* in einer Gründerzeitvilla auf dem Jabal Amman bietet ein internationales Filmprogramm, abends auch Freiluftkino.

Theater und Konzerte gibt es in ausländischen Kulturinstituten wie dem *Goethe-Institut (c5) (Abdel Mun'im Al Rifa'i Street 5, Jabal Amman)*, in privaten Zentren wie dem *Al Balad Theatre (seit 2018 ohne feste Location)* und in staatlichen Einrichtungen wie dem *Royal Cultural Center (b2–3) (Sports City, Queen Alia Street, Shmeisani | Tel. 06 5 66 10 26 oder 06 5 81 61 81) | rcc.gov.jo)* oder dem *Al Hussein Cultural Center (Ras al-Ain) (d6)*.

PUBS

Rockmusik hören, Sport gucken und Bier trinken – rustikale Pubs liegen in Amman im Trend. Im *Murphy's Pub (0) (Umm Uthaina, Shat Al Arab Street 17)* gibt es dienstags Liverock, außerdem kann man Poolbillard spielen. Im *Queen Vic Pub (0) (Comfort Hotel, Ali Nasuh Al Tahir Street 24, Sweifiyeh | thequeenvic.co)* treffen sich unter anderem Rugbyfans zum Spieleschauen. Ins *Brick Lane (0) (Mahmoud Alabidi Street 23)* geht man zum Essen.

RUND UM AMMAN

SALT ★

20 km / 40 Min. von Amman (Auto)

Auf luftigen 1000 m Höhe liegt Salt (100 000 Ew.). Im 18./19. Jh. war es ein wirtschaftlicher und politischer Knotenpunkt, mehrere Unternehmerfamilien besaßen hier prächtige Häuser. Einige dieser Wohnpaläste und die historische Marktstraße wurden aufwendig renoviert, Rundwege *(Salt Trails)* führen durch den Ort, und seit 2021 steht Salt sogar auf der Liste des Unesco-Welterbes.

Ein Schmuckstück in orientalisch-mediterranem Stil ist das Haus der Familie Abu Jaber, in dem heute das sehr gut gemachte *Stadtmuseum (So-*

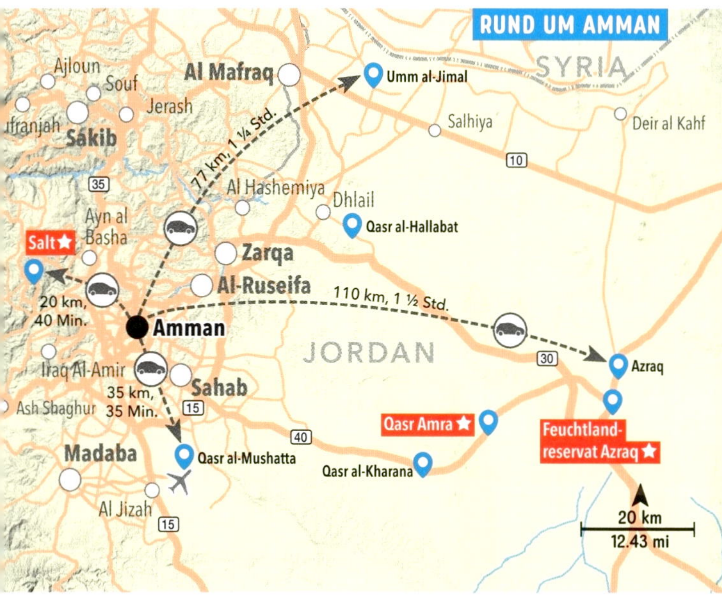

Do 8–15 Uhr | Eintritt 2 JD | Wadi Al Akrad Street | 1 Std.) untergebracht ist. Wenn es draußen krachend heiß ist, sorgen die Natursteinmauern für angenehme Kühle im Inneren. Die Fensterbänke sind so tief, dass man ein Nickerchen drauf machen kann.

IDER-TIPP
Powernap am Fenster

Im *Archäologischen Museum (April–Okt. Sa–Do 8–16, Nov.–März 8–17 Uhr | Eintritt 2 JD | Deir Street (Prince Hamza Street) | 45 Min.)* sind Objekte von der Bronzezeit bis in die frühe Neuzeit zu sehen. In diesem Haus wohnte die palästinensische Familie Touqan, die ursprünglich aus Nablus stammte und dort Seife produzierte.

Vorzügliche lokale Spezialitäten in authentisch arabischer Atmosphäre und mit Altstadtblick bekommst du im *Beit Aziz (tgl. | oberhalb des Stadtmuseums | Prince Hassan Talal Street | Tel. 079 9 43 69 69 | €–€€)*. Probier *heitaliya,* einen Pudding aus Ziegenmilch mit Rosenwasser und Pistazien! Das *Al Gherbal Restaurant (tgl. | Prince Hamza Street | Tel. 077 8 04 20 42 | €–€€)* serviert beste jordanische Küche in einem denkmalgeschützten Haus in der Altstadt. Nach dem Essen macht es Laune, das Dessert auf dem Balkon zu genießen und das Treiben in der Stadt zu beobachten.

In der Marktstraße und direkt am Stadtmuseum findet man Süßigkeiten, Trockenfrüchte, Oliven, Gewürze, Heilkräuter, Seifen, Naturschwämme, Küchenutensilien aus Holz und die beliebten Tücher im Hahnentrittmuster *(kuffiyas)*. Sport und Spaß bietet die landschaftlich sehr schön gelegene *Mountain Breeze Lodge & Resort (16 km von Salt | Tel. 079 6 38 28 28 | mountainbreeze.jo)* mit Restaurant (tgl., mit Sommerterrasse), Kinderspielplatz und jeder Menge Aktivitäten von Bogenschießen bis Paintballclub. *C5*

UMM AL-JIMAL

77 km / 1 ¼ Std. von Amman (Auto)

Umm al-Jimal ist eine der wichtigsten archäologischen Stätten Jordaniens. Nahe dem Kreuzungspunkt mehrerer alter Handelsstraßen siedelten sich hier im 1. Jh. n. Chr. Nabatäer an. Später bauten die Römer den Ort zu einer militärischen Grenzstadt aus. Umm al-Jimal auch deshalb so wichtig, weil sich hier einige der ältesten christlichen Kirchen befinden. Und es ist faszinierend, weil das Alltagsleben im Mittelpunkt steht. Wie lebten die Menschen in römischer, byzantinischer und frühislamischer Zeit? Wie schafften sie es, Wasserleitungssysteme anzulegen und sogar kleine Wolkenkratzer zu bauen? Woran lag es, dass an diesem scheinbar unwirtlichen Ort zeitweise bis zu 5000 Menschen lebten? Und warum war er ab ca. 750 n. Chr. für fast 1000 Jahre verlassen? Seit den 1970er-Jahren wurden die Überreste der Stadt weitgehend ausgegraben. Auf der ausgezeichnet gemachten Website kannst du einen virtuellen Rundgang machen und dich über aktuelle Pläne informieren. Wegen der Sonne komm am besten vor 11 bzw. nach 15 Uhr hierher. *So–Do 8–17 Uhr | Eintritt 3 JD, mit Jordan Pass frei | ummeljimal.org | 1 Std. | E4*

INSIDER-TIPP
Alltag in der Antike

QASR AL-HALLABAT

60 km / 1 Std. von Amman (Auto)

Malerische Sandmeere sucht man in der Wüstenregion östlich von Amman vergebens. Doch inmitten von ausgetrockneten Sümpfen mit dicker Salzschicht und schwarzem Basaltgeröll stößt man unvermittelt auf beeindruckende Bauten aus der islamischen Frühzeit: die berühmten Omayyaden-Schlösser. Zu ihnen zählt auch das Qasr al-Hallabat. Die von den Römern im 2. Jh. erbaute Festung wurde später von byzantinischen Mönchen als Kloster genutzt. Im 8. Jh. zerstörten die Omayyaden das Bauwerk und errichteten es neu, wobei auch Basaltsteine aus Umm al-Jimal verwendet wurden. Heute befindet sich hier eine mäßig gut erhaltene Ruine. Nur wenige Kilometer entfernt liegt der *Hammam as-Sarakh*, das Bad des Qasr al-Hallabat. Von Badehaus und Umkleideräumen sind nur noch ein paar Mauern erhalten. Gut zu erkennen sind die Wasserleitungen. *April–Okt. tgl. 8–17, Nov.–März 8–16 Uhr | Eintritt mit Kombiticket Wüstenschlösser 3 JD, mit Jordan Pass frei | 30 Min. | E4*

AZRAQ

110 km / 1 ½ Std. von Amman (Auto)

Das kleine, verschlafene Städtchen (4000 Ew.) lebt vom Durchgangsverkehr. Hier geht es nördlich nach Irak und südlich in Richtung Saudi-Arabien. Schon zur Zeit der Karawanen war die Oase Azraq ein Knotenpunkt für den Verkehr zwischen der saudischen

Auf Holzstegen kann man durch das Feuchtlandreservat Azraq spazieren

Halbinsel, Mesopotamien und Syrien. Im Ort gibt es sehr einfache Restaurants mit günstigem Streetfood.

Das Schloss *Qasr al-Azraq (April–Okt. tgl. 8–17, Nov.–März 8–16 Uhr | Eintritt mit Kombiticket Wüstenschlösser 3 JD, mit Jordan Pass frei | 30 Min.)* wurde berühmt durch einen Gast, der in den Mauern des Gebäudes den Winter 1917/18 verbrachte: Lawrence von Arabien kampierte hier und bereitete den Sturm auf Damaskus vor. Das Schloss aus schwarzem Basaltstein ist noch immer imposant, auch wenn die oberen Stockwerke durch ein Erdbeben 1927 stark zerstört wurden. Die älteste Inschrift ist eine Widmung an die Herrscher Diokletian und Maximian, die 285–305 n. Chr. das römische Reich regierten. Das damals erbaute Kastell wurde wahrscheinlich im 13. Jh. von den Ayyubiden renoviert. Aus dieser Zeit stammt auch die Moschee im Innenhof.

Gleich neben dem Städtchen hat die Königliche Gesellschaft für Naturschutz (RSCN) das ★ *Feuchtlandreservat Azraq (Azraq Wetland Reserve Besucherzentrum tgl. 9–18 Uhr | Eintritt Naturschutzgebiet 8 JD | Fahrradmiete pro Tag 12–23 JD | Tel. 05 3 83 52 25 | 2–3 Std.)* eingerichtet. Denn was sich heute so dürr und trocken vor dir ausbreitet, war einst eine Sumpflandschaft, in der Wasserbüffel, Krokodile und Füchse lebten. Für die Trinkwasserversorgung Ammans wurde jedoch massiv Wasser aus der östlichen Wüste abgepumpt, was zum ökologischen Kollaps führte. Auf einer Fläche von 12 km² wurde das Sumpfgebiet wiederhergestellt, auf Holzstegen kann

Frühislamische Wandmalerei im Omayyaden-Schloss Qasr Amra

man die Landschaft bequem durchwandern. Millionen Zugvögel machen hier im Winter Station, und mit etwas Glück kann man in dem hohen Schilfdickicht auch einen Wasserbüffel sehen. Eine kleine Ausstellung führt die Tiervielfalt vor Augen, die es hier frühert gab. Etwa 12 km südlich von Azraq liegt das *Wüstenreservat Shawmari* – hier werden die elegante Oryx-Antilope mit ihren langen Hörnern und andere Wildtiere wieder angesiedelt. F5

QASR AMRA ★

84 km / 1 Std. von Amman (Auto)

Im 8. Jh. ließ sich Kalif Walid II. diesen Jagdpavillon mit Badehaus bauen, der auch als Lustschloss diente. Leider sind die herrlichen Fresken durch Vandalismus stark angegriffen worden. Dennoch ist Qasr Amra (auch: Qusair Amra) das am besten erhaltene Wüstenschloss. Von außen gefällt es durch seine harmonischen, runden Formen, der gelbliche Stein passt sich der sandigen Landschaft an. Vor dem Eingang liegt der 24 m tiefe Brunnen, der den Hamam mit Wasser versorgte.

Im Inneren erzählen die Fresken vom Leben in jener Zeit. Die Malereien zeigen Menschen, was im späteren Islam kaum noch vorkommt, und sogar unbekleidete Frauen – das ist noch ungewöhnlicher. In der islamischen Kunst wurde später fast ausschließlich mit geometrischen und pflanzlichen Motiven und Kalligrafie gearbeitet, weil die Darstellung von Menschen nach weit verbreitetem Religionsverständnis verboten ist.

INSIDER-TIPP
Lebensfrohe Fresken

In der dreischiffigen Empfangshalle mit den gewölbten Decken ist eine nackte Frau beim Bad zu sehen. Daneben sind sechs Herrscher abgebildet, die von den Omayyaden besiegt wurden, darunter der Perser Chosroes, der äthiopische König Negus und der Westgote Roderich. Sieh dir die Deckenfresken genau an: Hier sind Handwerker wie Schreiner, Schmiede und Maurer bei der Arbeit verewigt.

Von der Halle führt ein schmaler Durchgang in das Bad, das in drei Bereiche aufgeteilt ist: Die Wände des

Umkleideraums sind mit naiven Zeichnungen von Gazellen, einem Laute spielenden Bären und anderen Tieren geschmückt. Im Tepidarium (Abkühlraum) sind eine Gruppe von drei Frauen im Bad und eine Jagdszene zu sehen. Die Kuppel des Caldariums (Thermalbad) zeigt eine Darstellung des Sternenhimmels. *April–Okt. tgl. 8–17, Nov.–März 8–16 Uhr | Eintritt mit Kombiticket Wüstenschlösser 3 JD, mit Jordan Pass frei | 30 Min. | E5*

QASR AL-KHARANA

68 km / 1 Std. von Amman (Auto)

Festung oder Karawanserei? Bis heute ist unklar, wozu dieses gut erhaltene, klar gegliederte Wüstenschloss diente. Die großen Küchen und die Ställe für Kamele oder Pferde um den Innenhof lassen vermuten, dass es sich um eine Art Wüstenhotel handelte. Der erste Stock ist ein Labyrinth aus Zimmern und Gemächern. Von der Terrasse bietet sich ein weiter Ausblick über die Wüste. Die wuchtigen Ecktürme würden zwar auch zu einer Verteidigungsanlage passen, doch die kleinen Öffnungen in der Außenmauer dienten der Belüftung und nicht als Schießscharten. Die kufische Inschrift über einer Tür in der oberen Etage weist auf das Baujahr 711 hin. *April–Okt. tgl. 8–17, Nov.–März 8–16 Uhr | Eintritt mit Kombiticket Wüstenschlösser 3 JD, mit Jordan Pass frei | 30 Min. | E6*

QASR AL-MUSHATTA

35 km / 35 Min. von Amman (Auto)

Falls du schon mal im Berliner Pergamonmuseum warst, kennst du den schönsten Teil dieses Schlosses: Die mit Reliefs verzierte Südfassade ist dort ausgestellt, seit der osmanische Sultan Abdel Hamid II. sie 1903 Kaiser Wilhelm II. schenkte. Im Rahmen einer deutsch-jordanischen Kooperation soll eine Nachbildung am Original angebracht werden. Von dem einst größten der Wüstenschlösser zeugen vor allem die gewaltigen Außenmauern, die jeweils 144 m lang und mit Halbtürmen versehen sind. Der Palast liegt wenig idyllisch auf dem Gelände des internationalen Flughafens von Amman. *April–Okt. tgl. 8–17, Nov.–März 8–16 Uhr | Eintritt mit Kombiticket Wüstenschlösser 3 JD, mit Jordan Pass frei | 30 Min. | D6*

SCHÖNER SCHLAFEN IN DER UMGEBUNG VON AMMAN

BETT IM LAZARETT

Ein ehemaliges britisches Feldlazarett, das nicht wiederzuerkennen ist: die *Azraq Lodges (16 Zi. | an der Hauptstraße von Azraq ausgeschildert | Tel. 05 3 83 50 17 | Reservierung nur per E-Mail: tourism@rscn.org.jo, azraqtourism@rscn.org.jo | €€)* der Königlichen Gesellschaft für Naturschutz (RSCN). Das Hauptgebäude wurde in ein futuristisch wirkendes Hotel aus Beton integriert, Sonnensegel stellen die Verbindung zur Beduinenkultur her. Du kannst mit der Zimmerbuchung auch Vollverpflegung bestellen, gekocht wird tscherkessisch und arabisch. Im Besucherzentrum werden verschiedene Touren angeboten.

DER NORDEN

GRÜN, SO GRÜN!

Sanfte grüne Hügel, lichte Wälder, im Frühjahr ein Meer von Wiesenblumen, goldgelbe Weizenfelder – das ist der Norden Jordaniens.

Hier gedeihen Oliven- und Mandelbäume, Korkeichen und Aleppokiefern. Dass die wasserreiche Gegend schon früh begehrt war, belegen die Ruinen bedeutender römischer Städte wie Gerasa (Jerash) und Gadara (Umm Qais). Die antiken Stätten von Jerash sind so gut erhalten, dass du meinst, dir müsste an der nächsten Ecke ein wasch-

Ein imposantes Stück Mittelalter: die Festung Qala'at ar-Rabad bei Ajloun

echter Römer in Sandalen und Toga entgegenkommen. In Ajloun schaust du vom Turm der Kreuzfahrerburg über das weite Land und stellst dir vor, wie die mittelalterlichen Eroberer ihre Herrschaftsgebiete gegen Überfälle bewachten. Irbid punktet mit einem schmucken Mosaikenmuseum und einem quirligen Universitätsviertel mit vielen Cafés. Höhepunkt dieser Region ist das Dreiländereck in Umm Qais mit wunderbarem Ausblick auf den See Genezareth und den Golan.

DER NORDEN
Al Kaziyah
Harta
Khirbat al Kursi
Malka
Samar
Hobras
Ibdar
Khureiba
Kherja
1 Umm Qais (Gadara)
Balad al Basha
Hatem
Al Sila
Al Qisfah
Al Mashargah
Asaara
Kafr Jaiz
Maru
Tuqbul
Bayt Ras
Kufr Asad
10
Som
30 km, 45 Min.
Makhraba
Al Bariha
Zabdah
Qumaim
Mendah
Irbid
S. 62
Bushra
Al Taiyiba
Kufr Yuba
Beit Yafa
Irkheim
Jenin
Samu
Khirbat Sakayin
Marhaba
Ham
Sarieh
Khirbat Mirqaa
Der Abi Saeed
Dayr Yusuf
Kafr al Ma
Husn
Tibni
Khirbat Thala
Husn Camp
Abu al-Qain
Ashrafiyah
Al Mazar
Kafr Rakib
Bayt Ides
Zubiya
Kafr Awan
Arhaba
Al Hawi
Al Nueiyima
Kufr Abil
50 km, 50 Min.
Jedeita
Khirbat Usaym
Khirbat Shin
Khirbat Afana
Fara
Al Tayyarah
Um al Manabi
Sakhra
Khirbat Mihna
Ibbin
Ebillin
Ajloun
2
20 km, 30 Min.
Khirbat Asfu
Khirbat al Wahadina
Qala'at ar-Rabad
Souf
Al Amiriya
20
Anjara
Deir ell Leyat
Sakib
Kufranjah
Jerash
S. 65
Al Zarraa
Nebi Hud
Husainyyat
Rajeb
Al Sakhinah
Rashad

MARCO POLO HIGHLIGHTS
★ UMM QAIS (GADARA)
Zeitreise mit phantastischem Blick auf den Golan und den See Genezareth ➤ S. 63
★ JERASH
Das einstige Wirtschaftszentrum der Provincia Arabia zählt zu den besterhaltenen römischen Städten überhaupt ➤ S. 65
★ QALA'AT AR-RABAD
Die Burg von Ajloun – hier boten die Araber den Kreuzrittern Paroli ➤ S. 68
Al `Ajami
Tafas
Kherbet Ghazalah
Tall Shihab
Muzayrib
Nahj
Yadudah
Abu Qantarah
Al-Turah
Daraa
SYRIA
Ar Ramtha
25
M5
Nasib
At Tayyibah
Khirbat Ruhayyah
Jaber as-Sirhan
Khirbat Akeidir
Khirbat Junf
Soweilima
Sama as-Sirhan
Al Boweida
JORDAN
Bariqa
Hausha
Mughayyir Assrhan
Sumaiya
10
Fa
Al-Khanasiri
15
Al Mushayrifah
Musheirfa al Sharqiya
Al Manshiya
Rujm Sabe'
Al Fedein
Al Buwayda
Al Mafraq
Saha Abu Jabir
Khirbat al Duqmussa
Irhab
Hamamat al Ushush
Al Dalabih
20
Khirbat Abu al Sus
Al Madwar
Haiyan al Mushrif
Khirbat Ain
Hayyan al Ruwaybid al Sharqi
Haiyan al Roweibed
6 km
3.73 mi

IRBID

(📖 D3) **In der Antike hieß Irbid Abela. Die Stadt mit ihren rund 700 000 Einwohnern ist das Verwaltungszentrum des Nordens und Sitz zweier Hochschulen mit mehreren Zehntausend Studierenden aus der gesamten Region.**

Irbid gilt wegen seiner Bildungseinrichtungen als Kulturhauptstadt Jordaniens, war aber lange Zeit ein sehr ruhiger Ort. Durch den Krieg im nahe gelegenen Syrien, den Zuzug Zehntausender syrischer Flüchtlinge und die Präsenz von immer mehr internationalen Organisationen hat sich der Alltag in der Stadt verändert. Neue Hotels, Restaurants und Cafés sind hinzugekommen. Noch ist die Stadt nicht auf Tourismus eingestellt, aber ein Abstecher lohnt sich durchaus.

SIGHTSEEING

MUSEUM OF JORDANIAN HERITAGE

Dieses kleine und feine Museum erzählt unter anderem von der islamischen Epoche in Jordanien. Im Innenhof kannst du die Rekonstruktion eines traditionellen Wohnhauses bestaunen. Außerdem zu sehen: antike Mosaiken und Münzen aus verschiedenen Epochen von der Antike bis zur Staatsgründung. *So–Do 10–13.45 und 15–16.30 Uhr | Eintritt frei | Institute of Archaeology & Anthropology, Yarmouk University | Zufahrt von der University Street oder von der Fawzi Al Mulki Street | mjh.yu.edu.jo | ⏲ 1 Std.*

DAR SARAYA

Lass dich im Garten auf einer Bank nieder und genieß die Ruhe! In dem luftigen Gebäude aus vielfarbigem Naturstein residierten einst die Osmanen. Heute ist in der Galerie rund um den gepflegten Innenhof eine Dauerausstellung über die Geschichte Irbids zu sehen. Wo einst Gefangene schmachteten, sind unter anderem prachtvolle Mosaiken ausgestellt. Die schönen Fundstücke sind professionell präsentiert, inklusive englischer Übersetzung. *April–Okt. tgl. 8–18, Nov.–März 9–17 Uhr | Eintritt 2 JD, mit Jordan Pass frei | Al Baladiya Street | ⏲ 1 Std.*

INSIDER-TIPP
Feine Mosaikkunst

BEIT ARAR

Er protestierte gegen die britische Kolonialmacht und besang die Freiheit: der Aktivist und Dichter Mustafa Wahbi At-Tal alias Arar. Das Wohnhaus seiner Familie in Irbid ist ein Schmuckstück aus Sandstein, Basalt und Marmor. *Tgl. 8–15 Uhr | Eintritt frei | Al Baladiya Street | Anmeldung empfohlen unter Tel. 079 9 05 54 62 (Direktor Samir Ibrahim) | ⏲ 30 Min.*

ESSEN UND TRINKEN

NEWS CAFE

Großzügiger Außenbereich, bequeme Sessel, fröhliche Stimmung: Pizza und Milkshakes, Shisha, faire Preise. Tagsüber ist das Café ein guter Ort zum Chillen, Lesen, Schreiben. *Tgl. | am Al-Joude Hotel | Gaza Street/Ecke Adan Street | Zufahrt von der University Street | €*

Irbid ist Universitätsstadt und das Verwaltungszentrum des Nordens

MANGO CAFÉ
Das Essen hat ein bisschen nachgelassen (Stichwort globales Fast Food), aber die Konditorei ist kaum zu toppen. Französische Patisserie vom Feinsten trifft auf Aniskipferl und Ingwerkekse nach deutschen Rezepten. Dazu frische Fruchtcocktails und solider Cappuccino, alles zu fairen Preisen. *Tgl. | Tel. 02 7 27 25 28 | University Street (Shafeeq Irsheidat Street)* | €

AL-HARAM CAFÉ UND RESTAURANT
Der Louvre lässt grüßen! Die gläserne Pyramide *(haram)* ist ein echter Hingucker im sonst eher nüchternen Irbid. Tagsüber ein Lieblingstreff von Studierenden aus dem Universitätsviertel. Abends prima zum Essengehen (arabisch, asiatisch, mediterran), an Wochenenden und Feiertagen manchmal mit Livemusik. *Tgl. | University Street (Shafeeq Irsheidat Street)* | €–€€

RUND UM IRBID

1 UMM QAIS (GADARA) ★
31 km/45 Min. von Irbid (Auto)
Umm Qais ist ein Highlight jeder Jordanienreise. Hier blickst du aus luftiger Höhe auf die Golanhöhen in Syrien, über den See Genezareth nach Israel und ins Jordantal. Am Fuß einer osmanischen Siedlung liegen die *Ausgrabungsstätten (tgl. 8–18 Uhr, Eintritt 4 JD | Museum Mi–Mo 8–17 Uhr, Eintritt frei | Touristenpolizei Tel. 02 7 50 01 34)* antiken Stadt Gadara.

Fast wie im alten Rom: Nordtheater in Jerash, dem antiken Gerasa

Wahrscheinlich um 300 v. Chr. von den Griechen gegründet, war sie später eine der wichtigsten Städte der Dekapolis, eines Bundes aus zehn Städten im gesamten Nahen Osten: Die Handelswege nach Norden führten hier vorbei. Die schiere Größe des Ruinengeländes lässt erahnen, wie mächtig Gadara einst gewesen sein muss. Allein das beeindruckende Theater aus schwarzem Basaltstein bot Platz für 3000 Menschen.

INSIDER-TIPP
Lange Leitung, neu entdeckt

Ein wahres Wunderwerk befindet sich unter der Erde: Vor einigen Jahren haben Archäologen hier die längste unterirdische Wasserleitung der Antike entdeckt. Mit etwas Glück bekommt man einen Einstieg in das Tunnelsystem gezeigt. Für Kinder ist Umm Qais ein ganz besonderes Erlebnis, denn in den weitläufigen Ruinen können sie sich nach Herzenslust austoben.

Plan unbedingt auch Zeit für das Caférestaurant *Resthouse (tgl. | Tel. 02 7 50 05 55 | romero-jordan.com | €€)* ein. Ein leichter Lunch auf der luftigen Terrasse rundet den Besuch ab und gibt neue Energie. Die Speisekarte ist gut sortiert, die Preise sind fair und der Mix aus Licht, Luft, Naturstein und gelungenem Design beglückt die Sinne. Als Sahnehäubchen gibt es von der Terrasse aus den phantastischen Ausblick auf die Umgebung.

INSIDER-TIPP
Entspannt genießen am Dreiländereck

Kaum da, sind die Touristen schon wieder weg – und die Menschen vor Ort haben oft nichts davon. Das Unternehmen *Baraka Destinations (baraka destinations.com)* will das ändern und fördert einen nachhaltigen Tourismus, der den Menschen in der Provinz nützt. In Umm Qais kann man ein Essen bei einer Familie im Ort buchen und im *Beit Al Baraka Guesthouse* sehr gemütlich übernachten. *C3*

INSIDER-TIPP
Essen in der Familie

JERASH

(D4) ★ **Jerash (in der Karte: Ğaraš), das antike Gerasa, gilt als eine der besterhaltenen römischen Siedlungen weltweit.**

Nach Petra ist dies die zweitwichtigste Touristenattraktion in Jordanien. Um möglichst viel zu sehen und eines der tollen Restaurants in bzw. bei Jerash zu besuchen, sollte man einen ganzen Tag einplanen, vor allem, wenn man mit Kindern unterwegs ist.

Die aus rosa-orangefarbenem Kalkstein erbaute Stadt lag an einer der wichtigsten Handelsrouten der Antike. Umstritten ist, ob Gerasa von Alexander dem Großen oder einem seiner Feldherren gegründet wurde. Ihre Blütezeit erlebte die hellenistische Stadt unter römischer Herrschaft im 2. und 3. Jh. Der Besuch von Kaiser Hadrian 129 n. Chr. führte zu einem großen Bauboom, Gerasa wurde zum Wirtschaftszentrum der Provincia Arabia, rund 20 000 Menschen lebten hier. Unter byzantinischer Herrschaft begann der Verfall, und im 9. Jh. wurde die Stadt endgültig verlassen. Doch in jedem Sommer wird sie zu neuem Leben erweckt: In den beiden Theatern werden Opern aufgeführt und Konzerte gegeben.

SIGHTSEEING

Die Sehenswürdigkeiten *(wenn nicht anders angegeben: April–Sept. tgl. 8–18, Okt.–März 8–16.30 Uhr | Eintritt 10 JD, mit Jordan Pass frei | Besucherzentrum vor dem Südtor)* werden in der Reihenfolge des üblichen Rundgangs vorgestellt. *3–4 Std.*

TRIUMPHBOGEN

Die Besichtigung startet mit dem Triumphbogen, erbaut 129 n. Chr. für Kaiser Hadrian. Das Bauwerk befand sich außerhalb der 3,5 km langen Stadtmauer. Von hier aus geht es am Hippodrom entlang Richtung Südtor.

SÜDTOR

Am Südtor liegen das Besucherzentrum, ein Restaurant und der Eingang. Das Tor aus dem 2. Jh. zeigt am Fuß seiner Säulen feine Steinmetzarbeiten in Blätterform. Links hinter dem Eingang steht eine Olivenpresse aus dem 3. Jh.

OVALES FORUM

Hinter dem Südtor liegt das Ovale Forum, der antike Versammlungsplatz der Stadtbewohner. Die ovale Form des Platzes hat den Archäologen Rätsel aufgegeben. Vermutlich wollte man den Zeus-Tempel mit dem römischen Nordtheater am anderen Ende der Stadt durch eine Nord-Süd-Achse verbinden. Der Zeus-Tempel wurde auf einem Hügel erbaut, der bereits seit Jahrhunderten zur Götterverehrung genutzt wurde.

MUSEUM

Hier sind viele interessante Fundstücke aus Jerash zu sehen, wie Schmuck, Geldstücke und Theaterkarten aus gebranntem Ton. *April–Okt. tgl. 8.30–19, Nov.–März 8.30–16 Uhr | Eintritt mit Tagesticket oder Jordan Pass frei | 30 Min.*

ZEUS-TEMPEL

Links auf einem Hügel liegt der Zeus-Tempel, zu dem früher eine große Treppe hinaufführte. Er wurde im 2. Jh. auf den Ruinen eines griechischen Tempels erbaut und ist heute relativ stark zerstört.

SÜDTHEATER

Im gut restaurierten Theater mit 32 Sitzreihen hatten rund 5000 Zuschauer Platz. In den ersten Reihen sind teils die Namen von Spendern eingraviert. Wenn man die Stufen hinaufsteigt, hat man einen besonders weiten Blick auf die antike Stadt und Jerash. Bühne und Eingänge sind im korinthischen Stil geschmückt.

INSIDER-TIPP
Lohnender Aufstieg

Mächtiger Bau für die Schutzgöttin: Artemis-Tempel in Jerash

CARDO MAXIMUS

Vom Ovalen Forum geht die Hauptachse der Stadt ab, eine 800 m lange Allee, die von 200 zumeist korinthischen Säulen gesäumt wird. Die original erhaltene Pflasterung ist uneben, weil darunter das Abwassersystem verläuft. Deutlich zu erkennen sind die Furchen, die von den Holzrädern römischer Karren im Stein hinterlassen worden sind. Entlang dieser Prachtstraße liegen die wichtigsten Bauwerke. Vor der ersten Kreuzung siehst du eine runde Agora – einen Marktplatz –, dahinter die sakralen Bauten.

KATHEDRALE

An der Stelle eines Dionysos-Tempels wurde im 4. Jh. eine Kathedrale errichtet. Achte auf den Schrein mit der Jungfrau Maria und den Erzengeln Gabriel und Michael am Fuß der Treppe.

NYMPHÄUM

Von dieser zweistöckigen Brunnenanlage aus dem 2. Jh. ist die monumentale Fassade erhalten. Sie war im unteren Teil mit grünem Marmor und im oberen Teil mit bemaltem Stuck verziert.

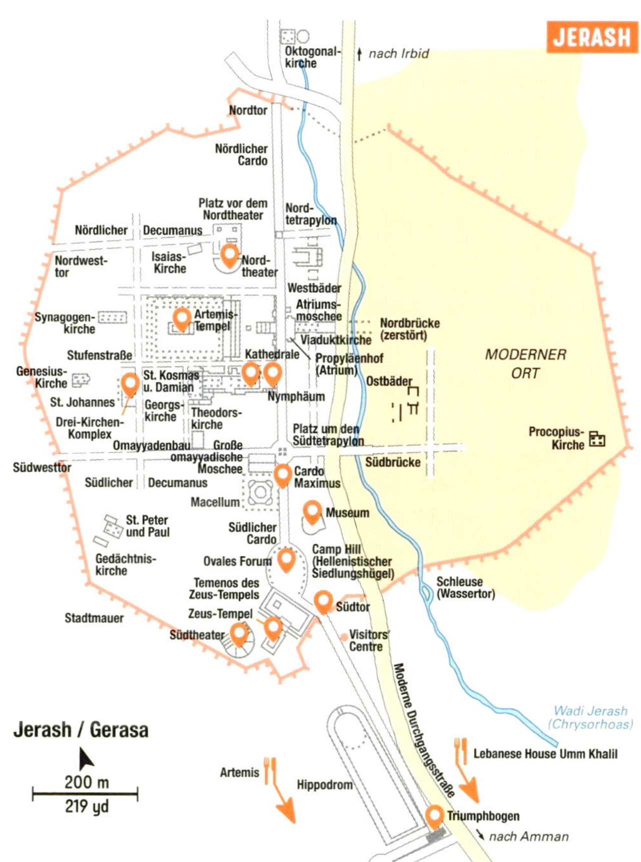

ARTEMIS-TEMPEL

Dieser Tempel am Cardo Maximus war der Schutzgöttin der Stadt gewidmet und Teil einer großen Anlage. Treppen führen in das den Priestern vorbehaltene Allerheiligste. Mit seinen Ausmaßen (23 mal 40 m) war der Tempel eines der wichtigsten Bauwerke der Stadt.

DREI-KIRCHEN-KOMPLEX

Hinter dem Tempel finden sich drei der mehr als 153 Kirchen, die nach der Christianisierung errichtet wurden. Von 529 bis 533 erbaut, sind sie Johannes dem Täufer, Georg, Cosmas und Damian gewidmet. Sehenswert sind die restaurierten Bodenmosaiken in der *Cosmas-und-Damian-Kirche* und in der *Johanneskirche*.

NORDTHEATER

Auch nicht gerade klein: Das Theater fasste etwa 1600 Zuschauer. Du kannst von hier aus zum Südtor zurückgehen, über den höher gelegenen Feldweg, der westlich vom Nordtheater und hinter dem Artemis-Tempel durch Wiesen führt.

ESSEN & TRINKEN

Das direkt am Südtor gelegene *Resthouse* ist auf Reisegruppen eingestellt. Das Essen ist in Ordnung, aber wenn du Zeit hast, besuch eins der hervorragenden Restaurants in der Umgebung. Einige liegen auf dem Weg nach Amman.

LEBANESE HOUSE UMM KHALIL

Hier stimmt die Mischung – Topküche und relaxtes Ambiente, schöne Aussichten und faire Preise. Ein Highlight ist die große Außenterrasse. *Tgl. | von Süden kommend an der Ausfallstraße Richtung Ajloun | Tel. 02 6 35 13 01 | €–€€*

ARTEMIS

INSIDER-TIPP
Brotbacken live

Hier gibt es was zu gucken, auch für die Kinder: Im traditionellen Ofen *(tabun)* backt der Bäcker für alle sichtbar das Brot, während man das Menü à la carte oder am Buffet aussucht. Innen etwas groß und bahnhofsmäßig, draußen mit schöner Terrasse. *Tgl. | von Süden kommend an der Ausfallstraße Richtung Ajloun, Schildern folgen | Tel. 079 78 88 28 oder 02 6 35 32 00 | €€*

SPORT & SPASS

Entspannen mit allen Sinnen, im Schatten von Aleppokiefern, Zedern und Olivenbäumen: Zwischen Jerash und Ajloun liegt der *Dibbin-Naturpark* *(D4)* *(Eintritt 3 JD | mit dem Auto nach Jerash, dort auf die N20 Richtung Ajloun, bei Sakib Abzweigung Richtung Süden).* Am Wochenende ist der Park stark besucht.

RUND UM JERASH

2 AJLOUN

20 km / 30 Min. von Jerash (Auto)

Rund 20 km nordwestlich von Jerash liegt Ajloun (in der Karte: 'Aǧlūn), ein 20 000-Einwohner-Ort in luftiger Höhe, der sich seit einigen Jahren zu einer Sommerfrische entwickelt. Ein Wahrzeichen ist das elegante Minarett der *Moschee* aus dem 14. Jh.

Hauptattraktion ist jedoch die imposante, gut erhaltene Burganlage, die außerhalb der Stadt weithin sichtbar auf einem Berggipfel liegt: ★ *Qala'at ar-Rabad (So–Do 8–18, Fr 8–17 Uhr | Eintritt 3 JD für Burg und Museum, mit Jordan Pass frei | 1 Std.).* Die von einem Neffen des arabischen Feldherrn Saladin 1184/85 erbaute Burg ist ein beeindruckendes Beispiel der islamischen Militärarchitektur im Mittleren Osten. Trotz ihrer fast uneinnehmbaren Lage wurde sie 1260 von den Mongolen gestürmt und geplündert. Die Mameluken banden die Festung in eine Kette von Burgen und Posten ein, die es ermöglichte, innerhalb von zwölf Stunden per Lichtzeichen oder Brieftaube Nachrichten von Kairo bis nach Damaskus oder nach Bagdad zu senden. Heute gibt es hier für Groß und Klein viel zu erkunden. Aber da man nicht immer sicher sein kann, dass alle Stolperfallen entschärft und alle Löcher verschlossen sind, sollten Eltern ihre Kinder beaufsichtigen und zuerst das Terrain sondieren.

Das *Jar al Jabal Restaurant (tgl. | Tel. 078 7874040)* ist ein luftiges, gemütlich dekoriertes Lokal für alle Tageszeiten mit Blick auf die Festung. Solide, preisgünstige arabische Küche ohne Schnickschnack, Mezze und lecker gewürzte Grillspeisen. Tipp: Hummus mit Hackfleisch probieren!

Rund 15 km nördlich von Ajloun erreichst du die idyllisch gelegene Gemeinde Al Ayoun mit Wanderwegen, Höhlen und Kletterstellen – Natur pur!

INSIDER-TIPP
Naturerlebnis mit Dach überm Kopf

Die Bewohner der Dörfer, z.B. *Al Ayoun, Rasoun* und *Orjan,* haben sich auf Individualreisende eingestellt. Sie bieten einfache Unterkünfte plus Verpflegung an. Ansprechpartner sind Mohammed Swalmeh *(Tel. 077 2219604)* und Eisa Dweikat *(Tel. 079 6829111 | eisa_dweekat73@yahoo.com).* In Rasoun gibt es Zelte und Hütten *(Tel. 079 7930071 | €).* Private Zimmervermietungen in Orjan, Rasoun und Al Ayoun: Abu Abdullah *(Tel. 077 6846239),* Frau Wisal aka Umm Ihab *(Tel. 079 6830414),* Frau Mikdadi aka Umm Ahmad *(Tel. 077 2089782).* Die Kontaktdaten können sich schnell ändern, aber die Gegend ist immer mehr auf Booking.com vertreten. *C4*

Auf Entdeckungstour in der Burg Qala'at ar-Rabad bei Ajloun

DER WESTEN

MAJESTÄTISCH, MYSTISCH, MAGISCH

Ob spirituell, sportlich oder landschaftlich – im westlichen Landesteil warten viele starke Impressionen und jede Menge Überraschungen.

Nur wenige Autominuten hinter der westlichen Stadtgrenze von Amman wecken sanfte grüne Hügellandschaften Assoziationen an die Toskana. Ein paar Kilometer weiter ist es dann allerdings schon wieder vorbei mit der Sommerfrische: Entlang dramatisch steiler Felsklippen schlängeln sich die Straßen über 1300 m tief ins Jordan-

Zum Staunen schön: Salzkristalle am Toten Meer

tal hinunter und bis zum Toten Meer. Im Jordantal, dem Obst- und Gemüsegarten des Landes, kann es 10–20 Grad wärmer sein als auf den Hochebenen. Wie wäre es da mit einer kleinen Wellnesspause? Ein Bad am tiefsten Punkt der Erde, im Toten Meer mit seinem hohen Salzgehalt, ist ein einmaliges Erlebnis. Egal, ob du vom Norden oder vom Süden hierher kommst: Der Westen lohnt sich!

DER WESTEN

Pella ★

Jordantal S. 74

77 km, 1 ½ Std.

Taufstätte Jesu (Al-Maghtas) ★

15 km, 15 Min.

160 km, 2¼ Std.

1 Wadi Feynan

Totes Meer ★ S. 76

ISRAEL

Bayt Ras
Som
Irb
Der Abi Saeed
Aydoun
Sa
Husn
Burqin
Jenin
Malkishua
Bir al-Basha
Jalqamus
Tirat Tsvi
Zubiya
Kufr Abil
Jedeita
Al Nueiyim
Khirbat Usay
Sakhra
Qabatiya
Mirka
Zababdeh
Mehola
Kerkeime
Kafr
Ibbin
Sir
Aqaba
Tayasir
AL Judeida
Jaba
Tubas
Al-Malih
Ajloun
Anjara
Souf
Yazid
Kereime
Kufranjah
Sakib
Jeras
Tammun
Hemdat
Zawata
Asira ash-Shamaliya
Ayn al Safa
Bekaot
Nablus
Burma
Beit Dajan
Furush Beit Dajan
Al Mastaba
Beit Furik
Mehora
Al-Jiftlik
Al Dibab
Meisara
Beita
Aqraba
Iskaka
Masua
Al Rumaymin
Gitit
Allan
Qusra
Jisr Damia
Abu Ham
Eli
Maale Efraim
Ayn al Basha
Shvut Rachel
Yafit
Al Salt
Sinjil
Fasayel
Gelgillia
Ayn Hum
Al-Mazra'a a-Sharqiya
Gilgal
Khirbat al Birah
Kafr Malik
Dabouq
Yabrud
Kohav HaShahar
Niran
Ofra
al-Auja
Amma
Beitin
Rimonim
Iraq Al-Amir
Al Shun
Deir Dibwan
Na'ama
Al Behat
Qalandiya Refugee Camp
Jericho
Al Kafrayn
ar-Ram
Alon
Mitspe Yeriho
'Anata
Al Al
Mishor Adumim
Jerusalem
Almog
Maale Adomim
Sweimeh
Faisaliah
Qaryat al Jur
ash-Sheikh Sa'd
Kalya
al-Ubeidiya
Madaba
Um Jereisat
Za'atara
Ovnat
Ma'in
Mereijmet Ibn Hamed
Jannatah
Libb
Ibei HaNahal
Metsoke Dragot
Meleih
Mitspe Shalem

90
20
60
35
65

10 km
6.21 mi

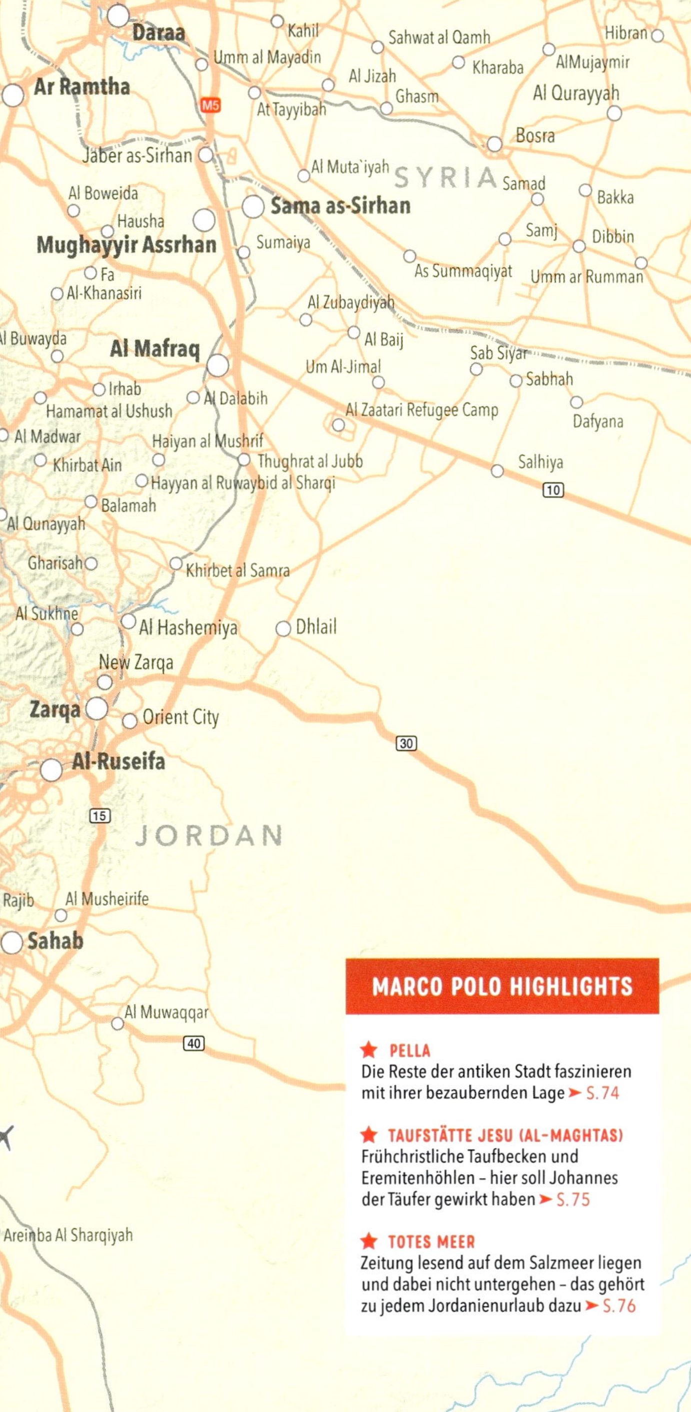

MARCO POLO HIGHLIGHTS

★ **PELLA**
Die Reste der antiken Stadt faszinieren mit ihrer bezaubernden Lage ➤ S. 74

★ **TAUFSTÄTTE JESU (AL-MAGHTAS)**
Frühchristliche Taufbecken und Eremitenhöhlen – hier soll Johannes der Täufer gewirkt haben ➤ S. 75

★ **TOTES MEER**
Zeitung lesend auf dem Salzmeer liegen und dabei nicht untergehen – das gehört zu jedem Jordanienurlaub dazu ➤ S. 76

JORDANTAL

(🕮 C3–5) **Das fruchtbare Tal verdankt seinen Namen dem Fluss Jordan, dessen Zuflüsse Hasbani, Dan und Banias in den libanesischen Bergen entspringen.**

Entlang des Jordans, der die Grenze zu Israel und den Palästinensergebieten bildet, erstrecken sich ausgedehnte Plantagen und Gärten. In dem feuchtheißen Klima des Tals sind bis zu drei Ernten pro Jahr möglich. Die Bauern liefern drei Viertel der landwirtschaftlichen Produktion Jordaniens. Weizen, Gerste, Tomaten, Gurken und viele Obstsorten gedeihen hier. Das Wasser für die Landwirtschaft bekommen die Bauern allerdings nicht aus dem Jordan. Da die Anrainerstaaten einen Großteil des Wassers schon am Oberlauf entnehmen und aufgrund der zunehmenden Trockenheit verbleibt an der Mündung ins Tote Meer nur ein geringer Bruchteil der ursprünglichen Wassermenge.

SIGHTSEEING

PELLA ★

Pella zählt kulturhistorisch zu den wichtigsten Orten in Jordanien. In der griechischen Antike gehörte Pella zum Städtebund der Dekapolis. Ausgediente Kämpfer der Armeen Alexanders des Großen ließen sich um 310 v. Chr. auf dem seit Jahrtausenden bewohnten Hügel nieder. Zu voller Blüte kam die Stadt in der byzantinischen Zeit, mit damals ca. 20 000 Einwohnern und einem Bischofssitz.

Trotz der großen geschichtlichen Bedeutung ist Pella vergleichsweise wenig für Besucher erschlossen. Lediglich Reste der Stadtmauer, einer Basilika mit Säulen aus dem 6. Jh. sowie eines Theaters mit 400 Sitzplätzen sind bisher freigelegt. Die Aussicht ist grandios. Im Frühjahr blühen Klatschmohn und die Schwarze Iris – eine Topzeit für interessante Wandertouren *(jordantrail.org).* Die spektakulärste Aussicht auf das Jordantal und das hügelige Westjordanland hat man vom *Pella Rest House,* einer schönen Location, gestaltet von Jordaniens Stararchitekt Ammar Khammash. Nimm dir Zeit für eine ausgiebige Pause auf der mit Natursteinen gepflasterten Terrasse. *Ruinenstätte Eintritt 2 JD (im Jordan Pass enthalten) | ⏲ 1–2 Std.*

Rund um Pella gibt es kaum Einkehrmöglichkeiten. Eine unkonventionelle Möglichkeit findet sich jedoch wenige Autominuten entfernt, etwa 3 km nördlich der Abzweigung zum Grenzübergang Jordanien–Israel (Jordan River Crossing/Sheikh Hussein Bridge): Der *Jordan Eco Park (Herbst bis Frühsommer tgl. 8–18 Uhr | Tel. 079 8 00 04 70 | jordanecopark.com | €–€€)* ist eine schön gelegene Lodge mit Picknickplätzen, Freiluftcafé, klimatisierten Blockhütten, vielen Informationen zu Umweltthemen und originellen Objekten aus recycelten Alltagsgegenständen. Mit Vorbestellung kann man hier einfaches Essen bekommen. Unbedingt vorher anrufen!

INSIDER-TIPP
Aus Fahrradfelge mach Kunstobjekt

TAUFSTÄTTE JESU (AL-MAGHTAS) ★

Jahrzehntelang war hier militärisches Sperrgebiet, erst nach dem Friedensschluss mit Israel 1994 wurden Ausgrabungen möglich. Seitdem haben jordanische Archäologen mehrere frühchristliche Kirchen, ein Kloster und Taufbecken aus den ersten Jahrhunderten n. Chr. freigelegt. Neuere Forschungen gehen davon aus, dass Johannes der Täufer und der Prophet Elias hier gewirkt haben. Konkret soll an diesem Ort „Bethanien jenseits des Jordan, wo Johannes taufte" (Johannesevangelium 1,28) gelegen haben. Die Übereinstimmungen zwischen Bibelstellen, den Berichten christlicher Pilger und archäologischen Funden sprechen dafür, dass die Taufstätte Jesu hier lag. Auf dem *Elias-Hügel (Tel al-Kharrar)* sind Überreste eines Klosters zu sehen sowie ein System aus Zisternen und Becken, in denen wohl Massentaufen vorgenommen wurden. In der Umgebung finden sich Hunderte von Höhlen, die von Eremiten oder Mönchen bewohnt wurden.

Durch die wilde Vegetation des *Wadi al-Kharrar* führt ein 2 km langer Fußweg hinunter an das Ufer des Jordans. Man kann sich auch im Minibus zu den einzelnen Sehenswürdigkeiten auf dem großen Gelände fahren lassen. An der Stelle, wo der Jordan Schleifen zieht und seinen Lauf über die Jahrhunderte verändert hat, liegen die Reste einer Kirche aus dem 6. Jh. Zwei weitere, etwas höher gelegene Kirchen wurden innerhalb der folgenden hundert Jahre gebaut. Schließlich gelangt man direkt an den Hauptarm des Jordans. Nur wenige Meter trennen ihn von den Palästinensergebieten auf der anderen Flussseite, die von Israel besetzt sind.

Al-Maghtas: Vieles spricht dafür, dass sich hier die Taufstätte Jesu befand

Was dafür spricht, dass die „Wiege des Christentums" auf der Ostseite des Jordans lag, kannst du auf *baptism site.com* nachlesen. König Abdullah II. stiftete Land, auf dem eine neue Kirche gebaut wurde. *April–Okt. tgl. 8–18, Nov.–März 8–16 Uhr | Eintritt 12 JD (inkl. Guide und Minibus) | ⏲ 1–2 Std.*

TOTES MEER

(🕮 C6–8) **Von Amman kommend, legst du auf der Serpentinenstraße zum ★ Toten Meer einen Höhenunterschied von 1300 m zurück.**
Am Ende der Straße befindest du dich am tiefsten Punkt der Erde, 430 m unter dem Meeresspiegel.
Das Tote Meer ist 75 km lang und 16 km breit. Obwohl es außer einigen Mikroben kein Leben enthält, ist es ökologisch bedroht. Jährlich sinkt der Wasserstand um einen Meter, weil die Zuflüsse aus dem Jordan und weitere Bergquellen als Trinkwasser oder für die Landwirtschaft abgefangen werden. Zudem verbrauchen die israelischen und jordanischen Industrieanlagen am südlichen Ende große Mengen Wasser. Umweltschützer befürchten, dass das Binnenmeer bis 2050 um die Hälfte schrumpfen könnte, wenn nichts unternommen wird. Seit Jahren ist der Bau eines Kanals im Gespräch, der Wasser aus dem Roten Meer in das Tote Meer leiten soll. Doch die angespannte politische Lage in der Region behindert Kooperationsprojekte zwischen Jordanien, Israel und Palästinensern.

Der Salzgehalt des Toten Meers ist mit etwa 30 Prozent fast zehnmal so hoch wie der anderer Meere. Das Wasser wirkt bei Haut- und Rheumaerkrankungen häufig Wunder und zieht viele Gesundheitstouristen an. Nicht versäumen solltest du eine Körpermaske aus Schlamm. Der graue Schlamm ist in Vertiefungen im Wasser nahe am Ufer zu finden oder wird in Hotels bereitgestellt. Trag ihn auf und lass ihn trocknen – wenn du ihn anschließend abspülst, ist deine Haut samtweich.
Aber Achtung: Die Strände am Toten Meer sind kein Spielplatz für Kinder, das Wasser kann Augen und Haut reizen, und der Untergrund ist teils schlickig – man muss standfest sein, um nicht auszurutschen. Daher vorsichtig ins Wasser tasten, die Augen schützen, kein Wasser schlucken und nicht tauchen! Wer mit Kindern reist oder sich nicht sicher fühlt, bleibt am besten am Hotelpool und genießt von dort den Ausblick und die besondere Luft.

ESSEN & TRINKEN

Auf der Durchfahrt kann man in einem der Hotelrestaurants essen. Die großen Hotels liegen bei Sweimeh (in der Karte: Suwaima) am nördlichen Ende des Toten Meers. Weiter südlich findet man in einigen Ortschaften entlang der Straße Schnellrestaurants oder Garküchen.

D-DOSE COFFEE HOUSE

Sehr guter Cappuccino, Kuchen und kleine Gerichte – definitiv eine kurze Pause wert. *Tgl. | Sweimeh | Tel. 079 2 50 20 20*

DEAD SEA PANORAMIC COMPLEX

Der Dead Sea Panoramic Complex ist gleichzeitig Aussichtspunkt, Museum und Restaurant. Die Zufahrt ist auf Museumsgäste beschränkt, daher muss man Eintritt zahlen, um das Restaurant zu nutzen. Es gibt gute arabische Küche zu mittleren Preisen. *Tgl. | Museum 9–16 Uhr, Eintritt 3 JD | Tel. 05 3 49 11 33 | rscn.org.jo | €€*

Gönn dir die volle Schlammpackung – reine Naturkosmetik aus dem Toten Meer!

SPORT & SPASS

WADI MUJIB ADVENTURE CENTER

Spektakuläre Felsschluchten enden am Toten Meer – Ausgangspunkte für spannende Wanderungen. Am Ausgang des Wadi Mujib gibt es dieses Besucherzentrum. Es wird von der Agentur *Wild Jordan (wildjordan.com)* betrieben, einem Ableger der Naturschutzgesellschaft RSCN.

Durch das Wadi Mujib führen unterschiedlich schwierige Wanderwege (begehbar April–Okt.), unter anderem der *Siq Trail,* der *Ibex Trail* und der *Malaqi Trail.* Eine Trekkingtour in das schmale Wadi, bei der man teils durch warmes Wasser watet oder schwimmt, ist ein außergewöhnliches Erlebnis. Kletterfans mit Seilerfahrung können den Canyon auch von oben durchqueren. Wichtig bei allen Touren: die eigenen Fähigkeiten kritisch einschätzen und die Bedingungen gut recherchieren. Wer wenig Erfahrung hat, sollte eine Tour mit Profis buchen, denn es kann in den steilen Wadis zu Sturzfluten und Steinschlägen kommen, und die Trekkings sind oft schwieriger als erwartet. Der Siq Trail ist ohne Führung möglich und vor Ort buchbar (begrenzte Besucherzahl), der Ibex Trail ist immer geführt. Generell ist ein Anruf empfehlenswert, wenn man wandern möchte. Geführte Touren sollte man auf jeden Fall im Voraus buchen.

WELLNESS

HAMMAMAT ZARQA MA'IN

Seit der Antike ziehen das Wadi Zarqa Ma'in, seine Thermalquellen und der

25 m hohe Wasserfall viele Besucher an. Natürliche Steinbecken laden zum Bad im bis zu 60 Grad heißen Wasser ein. In den kalten jordanischen Wintermonaten ist das herrlich! Im Sommer kann das heiße Wasser allerdings ziemlich anstrengend sein. Wegen Flutschäden wurden Teile des öffentlichen Thermalbads zeitweise geschlossen, einige Bereiche des Wadis waren bei Redaktionsschluss dieses Reiseführers noch gesperrt. Die Hotelanlage ist jedoch nicht direkt betroffen.

Mindestens drei Wege führen zum heilsamen Badespaß. Der günstigste ist ein Ticket für den öffentlichen Bereich (15 JD). Da die meisten einheimischen Gäste nicht an Frauen im Badeanzug gewöhnt sind, kann das aber stressig sein. Gegebenenfalls sollten Frauen Badekleidung wählen, die Schultern und Oberschenkel bedeckt.

INSIDER-TIPP
Komfort für einen Tag

Eine weitere Option ist ein Tagesticket für das Luxushotel vor Ort. Dort sind Frauen eher vor unerwünschten Blicken geschützt. Der Preis beträgt rund 40 JD pro Person, mit Handtüchern und Essen. Oder du kannst im Hotel übernachten, dann ist der Zugang zu den Quellen im Zimmerpreis enthalten *(Evason Ma'in Hot Spring and Six Senses Spa | sixsenses.com/Evason-Ma-In)*.

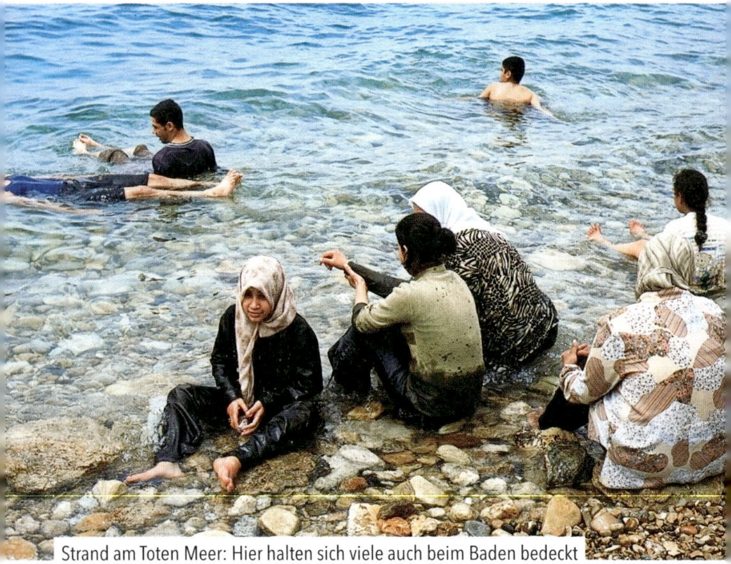

Strand am Toten Meer: Hier halten sich viele auch beim Baden bedeckt

STRÄNDE

Baden ist fast am gesamten felsigen Ufer erlaubt. Da man nach dem Bad im Toten Meer unbedingt das Salzwasser abwaschen muss, sollte man nur dort baden, wo Duschen in der Nähe sind. In Sweimeh gibt es einen öffentlichen Strand, der günstiger ist als die großen Hotels. Eine weitere Möglichkeit bietet sich weiter südlich im Wadi Mujib Adventure Center.

RUND UMS TOTE MEER

1 WADI FEYNAN

160 km / 2 Std. von Sweimeh nach Qurayqira (Auto), von dort weiter nach Feynan

Die Straße am Toten Meer entlang nach Süden ist zumindest bis zur Abzweigung nach Tafila gut ausgebaut und in weiten Teilen einfacher zu befahren als die Königsstraße. Im Wadi Araba ist die Straße nicht mehr ganz so komfortabel, aber hier sind die einzigen feinen Sanddünen Jordaniens zu sehen. Auf dieser Strecke gelangt man zu einem außergewöhnlichen Ökohotel im Wadi Feynan, der *Feynan Eco Lodge (ecohotels.me/feynan)*. Mit einem Pkw ohne Vierradantrieb kann man nicht die gesamte Anfahrt bewältigen, sondern fährt nur bis zum Empfangstreff im Dorf *Qurayqira* (gesprochen: Greigra; Wegbeschreibungen auf der Website der Lodge). Hier könnt ihr Euch für rund 20 JD Gebühr abholen lassen (bei der Buchung mitteilen!). Die Fahrt zur Lodge dauert rund eine halbe Stunde. Ab jetzt wird es abenteuerlich: Das Hotel wird mit Solarenergie betrieben und abends mit Kerzen beleuchtet. In den Zimmern gibt es keine Steckdosen, das Internet ist nicht stabil. Wichtig: Bargeld mitnehmen, da Kartenlesegeräte oft ausfallen! Das Essen ist vegetarisch, Rauchen im Hotel nicht erlaubt. Im Gebiet rund um die Lodge, das schon vor 10 000 Jahren besiedelt war, liegen zahlreiche archäologische Stätten. Hier befanden sich die größten Kupferminen der Levante, die von 4000 v. Chr. bis etwa 1500 n. Chr. betrieben wurden. Daran erinnern heute vor allem große Aufschüttungen von Gestein, das beim Bergbau übrig blieb. Von den Kupfergießereien der Römer und Byzantiner sind noch Überreste hydraulischer Anlagen zu sehen.

Von Feynan kannst du durch die Felslandschaft wandern, nach Dana und bis nach Petra (s. Kapitel „Die Königsstraße"). Es gibt keine direkte Straßenverbindung nach Dana, aber man kann sich dort abholen lassen. C9

SCHÖNER SCHLAFEN IM WESTEN

IN BESTER LAGE

Die *Mujib Chalets (Tel. 06 46 16 52 30 | rscn.org.jo | €€–€€€)* der Königlichen Naturschutzgesellschaft RSCN liegen beim Ausgang des Wadi Mujib, ca. 30 Autominuten südlich von Sweimeh am Toten Meer. Sie sind nicht billig, aber dafür toll gelegen und originell. Hier übernachtet ihr entweder im Doppelzimmer mit eigener Terrasse und Gemeinschaftsduschen oder in Einzelzimmern. Die Strandnutzung kostet für externe Gäste 10 JD.

DIE KÖNIGSSTRASSE

TREFFPUNKT DER ZIVILISATIONEN

Die Königsstraße (Tariq al-Sultani) ist mit ihrer Lage zwischen der Jordansenke und dem Hochplateau der Wüste landschaftlich überwältigend.

Schon vor rund 4000 Jahren war sie ein Hauptverbindungsweg zwischen Nordsyrien und Ägypten. Sie gehört nach biblischer Überlieferung zu dem Weg, auf dem Moses die Hebräer zum Gelobten Land geführt haben soll. Die Nabatäer transportierten hier Weihrauch und Edelsteine. Die Römer nannten die Straße Via Nova Traiana.

Großes Kino in buntem Sandstein: das Schatzhaus in Petra

Vom Berg Nebo führt die Königsstraße über Madaba und den östlichen Teil des spektakulären Wadi Mujib zur Kreuzfahrerburg Kerak, dann in den Naturpark Dana und über die eindrucksvolle Festung Shobak bis zur berühmten Nabatäerstadt Petra. Nimm dir mit dem Auto etwas Zeit, denn die Straße ist schmal und kurvenreich, und es gibt es viele Fahrbahnschwellen, über die man nur in Schrittgeschwindigkeit fahren kann. Doch wer Jordanien wirklich gesehen haben will, muss einmal die Königsstraße entlanggefahren sein!

DIE KÖNIGSSTRASSE
Al-Ruseifa
Amman
Sahab
15
Berg Nebo
1
10 km, 15 Min.
Jerusalem
Maale Adomim
Beitar Illit
St.-Georgs-Kirche
Madaba
S. 84
Al Jizah
Efrat
Bethlehem
Jannatah
Beit Fajjar
Sa'eer
Dead Sea
2 Mukawir (Herodes-Festung)
Hebron
90
Dhiban
4 Umm ar-Rasas
3 Mujib-Talsperre
90 km, 2 Std.
Wadi ibn Hammad
5
Rabba
Arad
65
31
Kerak
S. 87
Festung Kerak
ISRAEL
6 Tafila
30 km, 45 Min.
Dana
S. 88
220 km, 4½ Std.
Shobak 7
55 km, 1 Std.
90
65
15
Petra
S. 90
20 km
12.43 mi

MARCO POLO HIGHLIGHTS

★ **ST.-GEORGS-KIRCHE**
Das Palästina-Mosaik in Madaba zeigt die Weltsicht vor 1500 Jahren ➤ S. 84

★ **BERG NEBO**
Überwältigende Aussicht auf das verheißene Land ➤ S. 86

★ **UMM AR-RASAS**
Byzantinische Bodenmosaiken und ein Eremitenturm ➤ S. 87

★ **FESTUNG KERAK**
In den unterirdischen Hallen der imposanten Festung haben Kreuzritter einst Trinkgelage veranstaltet ➤ S. 87

★ **DANA**
Wandern in der Felslandschaft, schlafen in romantischen Sandsteinhäusern oder unterm Sternenhimmel ➤ S. 88

★ **PETRA**
Die Nabatäer-Stadt im Felsgestein ist eine einmalige Symbiose aus Natur und Architektur ➤ S. 90

MADABA

(🕮 C6) **Die Fahrt über die Königsstraße beginnt in Madaba. Als „Mebda" kommt der Ort schon rund 1000 v. Chr. in der Hebräischen Bibel vor.** Das stark christlich geprägte Madaba (70 000 Ew.) ist berühmt für seine Kirchen und für seine Mosaiken, die sich in byzantinischer Zeit zu voller Blüte entwickelten. In der Mosaikschule (beim Archäologischen Park) lebt das kostbare Kunsthandwerk weiter, und man kann Mosaiken nach individuellen Wünschen bestellen. Ein guter Startpunkt fürs Sightseeing ist das Besucherzentrum neben dem kleinen Stadtmuseum (nicht zu verwechseln mit dem Madaba-Museum) mit schattiger Terrasse und Infotafeln.

INSIDER-TIPP
Steinchen für Steinchen

SIGHTSEEING

ARCHÄOLOGISCHER PARK

Freiluftmuseum mit den Ruinen mehrerer Kirchen und Stadtpaläste. Schau dir die gut erhaltenen Bodenmosaiken an, etwa die Darstellungen von Amor und Aphrodite und der griechischen Tragödie von Phädra *(Hippolytus-Halle). April–Sept. tgl. 8–19, Okt.–März 8–17 Uhr | Eintritt 3 JD (inkl. Besichtigung der Apostelkirche und des Madaba-Museums), mit Jordan Pass frei | ⏲ 30 Min.–1 Std.*

ST.-GEORGS-KIRCHE ★

Sage und schreibe 2 Mio. (!) kleine Steine brauchten die Künstler um 560 n. Chr., um die berühmte Palästina-Karte zusammenzusetzen. Die steinerne Landkarte ist die erste erhalten gebliebene geografische Darstellung der Region. Sie wurde im 19. Jh. wiederentdeckt, als auf den Ruinen eines byzantinischen Gotteshauses die griechisch-orthodoxe Georgskirche von heute entstand. Im Zentrum der Karte steht Jerusalem. Achte darauf, wie an der Jordanmündung Fische vor dem salzigen Wasser des Toten Meers wegschwimmen! *Tgl. 8–19 Uhr | Eintritt 3 JD (nicht im Jordan Pass enthalten) | King Talal Street | ⏲ 15 Min.*

KIRCHE JOHANNES DER TÄUFER

Die römisch-katholische Kirche wurde 1913 auf dem Gipfel der antiken Festung erbaut. Besonders spannend: Von hier hat man Zugang zum gut beleuchteten unterirdischen Tunnelsystem der Festung. Gleich anschließend kann man über schmale Treppen den Glockenturm besteigen, Fitness und Trittsicherheit vorausgesetzt. Die Plattform auf der Spitze ist der höchste Aussichtspunkt in Madaba und klasse zum Fotografieren! *Tgl. 9–17 Uhr | Eintritt 2 JD (nicht im Jordan Pass enthalten), Spenden willkommen | Princess Haya Street | ⏲ 1 Std.*

MADABA-MUSEUM

Das neu gestaltete Museum zeigt Keramik, Schmuck, Waffen und Mosaiken. *Okt.–April tgl. 8–17, Mai–Sept. 8–19 Uhr | Eintritt 3 JD (inkl. Besichtigung der Apostelkirche und des Archäologischen Parks), mit Jordan Pass frei | ⏲ 30 Min.*

Die St.-Georgs-Kirche von Madaba ist berühmt für ihre Mosaiken

APOSTELKIRCHE

Die Katze ist auf dem Sprung, der Wolf neben dem Vogel schielt nach der Weintraube – jedes Bild erzählt eine Geschichte. Die Bodenmosaiken der im Jahr 578 erbauten Kirche gehören zu den schönsten in Madaba – darunter auch die personifizierte Darstellung des Meers, in der eine Frau aus den Wellen aufsteigt, umgeben von Meerestieren. *Tgl. 8–17 Uhr | Eintritt 4 JD (inkl. Besichtigung des Madaba-Museums und des Archäologischen Parks), mit Jordan Pass frei | ⏱ 15 Min.*

ESSEN & TRINKEN

HARET JDOUDNA

„Das Viertel unserer Großeltern", so heißt das Restaurant. Nicht nur kulinarisch gibt es hier Feines zu entdecken. Das verwinkelte traditionelle Haus mit dem schattigen Innenhof beherbergt auch ein kleines Museum. Und mit etwas Glück bekommt man authentisch arabische Hausmusik zu hören. Reservierung empfohlen. *Tgl. | King Talal Street | Tel. 05 3 24 86 50 | €€*

KAWON CAFÉ

Kreativ gestaltetes Café mit Garten, in einem alten Patrizierhaus, wenige Schritte vom historischen Zentrum gelegen. Koch Issa zaubert leckere arabische Gerichte (vegetarisch). Die großzügig gefüllten Teller reichen meist für zwei. Einige besonders beliebte Spezialitäten, wie eingelegte Auberginen und Labne-Käsekugeln in Öl, kann man am Eingang kaufen. Zur Location ge-

INSIDER-TIPP
Ein Teller für zwei

hört ein Buchladen mit Kunsthandwerk, Lese- und Arbeitsplätzen. *Tgl. | Palestine Street, gegenüber Target One Supermarkt | €–€€*

RUND UM MADABA

1 BERG NEBO ★

10 km / 15 Min. von Madaba (Auto)

Von hier soll Moses nach dem Exodus das Gelobte Land gesehen haben. Der Berg Nebo (802 m) gilt als einer der wichtigsten christlichen Pilgerorte Jordaniens. Bei klarem Wetter schaut man über das Tote Meer bis nach Jericho. Auch Jerusalem ist am Horizont zu erkennen. Besonders schön ist hier der Sonnenuntergang. Die Franziskaner, die 1933 einen Teil des Berges kauften, entdeckten die Überreste einer dreischiffigen *Basilika* mit Bodenmosaiken aus dem 6. Jh.: Neben Tier- und Pflanzenmotiven sind ein Jäger und ein Löwe sowie ein Hirte und eine Herde zu sehen. *Besucherzentrum Mai–Sept. tgl. 8–18 Uhr | Eintritt 3 JD | ⏲ 1–1 ½ Std. |* *🕮 C5–6*

Göttliche Aussicht: Vom Berg Nebo aus erblickte Moses das Gelobte Land

2 MUKAWIR (HERODES-FESTUNG)

33 km / 45 Min. von Madaba (Auto)

Mondlandschaften wie aus einem Science-Fiction-Film, dazu eine atemberaubende Sicht aufs Tote Meer bis nach Jerusalem und eine gruselige Geschichte: Johannes der Täufer soll hier auf Befehl des Königs Herodes eingekerkert und geköpft worden sein. Ob das stimmt? Wie auch immer: Der Aufstieg zur Festung (ca. 30 Min.) ist ein unvergessliches Erlebnis. Schatten gibt es nirgends, daher brauchst du neben Kondition und festen Schuhen unbedingt eine Kopfbedeckung und Wasser. Toiletten, ein einfaches Café und gute Parkmöglichkeiten gibt's am Fuß des Festungshügels. Auf dem Rückweg zur Königsstraße (N35) kannst du bei den Teppichweberinnen der Frauenkooperative *Bani Hamida* vorbeischauen und ihnen beim Weben ihrer knallbunten Teppiche zusehen. *April–Okt. tgl. 8–18, Nov.–März 8–17 Uhr | Eintritt 3 JD, mit Jordan Pass frei | Tickets im Besucherzentrum ca. 500 m vor dem Eingang zur Anlage links | ⏲ 1–2 Std. |* *🕮 C6*

3 MUJIB-TALSPERRE

45 km / 1 Std. von Madaba (Auto)

Auf dem Weg von Madaba nach Kerak überquert die N35 das nordwestliche Ende der Mujib-Talsperre. Mach dich bereit für einen kurzen Stopp:

INSIDER-TIPP Coffeetime am Canyon

Der große Parkplatz vor der Brücke ist super für Fotoaufnahmen, und am Coffeeshop kannst du etwas zu trinken mitnehmen. Wanderungen durch das rund 1000 m tiefer gelegene Wadi Mujib starten nicht von hier, das Besucherzentrum befindet sich am entgegengesetzten, westlichen Ausgang des Wadis, direkt am Toten Meer. *C–D 6–7*

4 UMM AR-RASAS ★

32 km / 40 Min. von Madaba (Auto)

Auch wenn es auf den ersten Blick nicht danach aussieht: Der winzige Ort ist tatsächlich eine bedeutende kulturhistorische Stätte. In den Ruinen der antiken Stadt Kastron Mefaa liegen in der *Stephanus-Kirche (tgl. 8–17 Uhr | Eintritt frei | 30 Min.)* die größten und besterhaltenen Bodenmosaiken des Landes, aus byzantinischer Zeit. Zu sehen sind Darstellungen von insgesamt 28 Städten Ägyptens, Jordaniens und Palästinas. Weitere, figürliche Darstellungen wurden von Bilderstürmern zerstört. Kurios wirkt ein rechteckiger, ca. 15 m hoher *Turm* ohne Eingang oder Treppe. Er wurde vermutlich für einen Eremiten erbaut, der dort oben lebte. *Besucherzentrum an der Stephanus-Kirche (meist sind nur WCs geöffnet) | D6*

KERAK

(C7) **Das Stadtbild von Kerak (40 000 Ew.) wird von der imposanten Kreuzfahrerburg beherrscht, die am nordöstlichen Ende teils mit Wohnhäusern überbaut worden ist.** Die Stadt spielt politisch eine wichtige Rolle in Jordanien, da einige einflussreiche Familien von hier kommen. Die nahe gelegene Mu'tah-Universität gehört zu den renommiertesten im Land. Die Provinz Kerak ist landwirtschaftlich geprägt. Daher findet man in der Stadt überall frisches Gemüse und Obst, oft verarbeitet zu leckeren Fruchtcocktails und Smoothies. Auch für Deftiges ist Kerak bekannt: Die regionale Version des Nationalgerichts Mansaf – Reis mit Joghurtsauce und Lamm- oder Hühnerfleisch – gilt hier als besonders lecker.

SIGHTSEEING

FESTUNG KERAK ★

Den Auftrag zum Bau gab 1142 der Kreuzritterkönig Balduin I. von Jerusalem. Möglicherweise wurde Kerak gewählt, weil die Mehrheit der Bewohner arabische Christen waren. Nach einjähriger Belagerung ergaben sich die Kreuzritter 1189 dem arabischen Feldherrn Salah ed-Din, der die Festung ausgehungert hatte. Gegenwärtig sind die oberen Stockwerke der Festung Ruinen. Von den Aufbauten aus mamelukischer Zeit hat man jedoch einen weiten Blick in die fruchtbare ländliche Umgebung. *Tgl. 8–17 Uhr | Eintritt 2 JD | 1 Std.*

ESSEN & TRINKEN

Im Viertel unterhalb der Burg und im Stadtteil Al-Marj (gegenüber) findest du ordentliche Restaurants und Snackbars, Coffeeshops und Shisha-Bars.

KIR HERES

Rund 150 m vor dem Eingang zur Burg. Besitzer Rashid Dmour kümmert sich persönlich um seine Gäste, serviert werden typisch arabische und internationale Gerichte. *Fr abends geschl. | Castle Street | Tel. 03 2 35 55 95 und 079 6 58 55 00 | €€*

ADEL HALABI

Sehr einfaches Interieur, aber gutes Essen: Hummus, Mutabbal, Falafel, gegrillte Gemüse, traditionelle warme Gerichte, Grillfleisch, Pommes und mehr kommen hier auf den Tisch. *Tgl. | King Hussein Street (Altstadt) | Tel. 079 1 81 67 50 | €–€€*

LAYALI KERAK (AL MARJ)

Vegetarische Vorspeisen, Grillgerichte, Pommes, Burger, frische Säfte und Fruchtcocktails werden hier lecker zubereitet. *Tgl. | Prince Bandar Street | Tel. 079 0 08 02 12 | €–€€*

RUND UM KERAK

5 WADI IBN HAMMAD

30 km / 1 Std. von Kerak (Auto)

Schöne Tour mit Wanderung in einer der familienfreundlichsten und, was Pflanzen und Tiere betrifft, in einer der vielseitigsten Schluchten Jordaniens. Das Wadi Ibn Hammad ist überraschend grün! Auf der N35 von Kerak fährt man nach Norden, biegt nach gut 20 km links ab und folgt der Ausschilderung. Die letzten 5 km bis zum Schluchteingang sind bestehen aus schmaler Piste und Serpentinen. Ein Geländewagen ist für diesen Ausflug die beste Wahl. Die Wanderstrecke bis zum Wasserfall ist der interessantere Teil, bis hierhin ist die Begehung ohne Hilfsmittel möglich. Beim Wasserfall geht man wieder zurück zum Eingang. *4 Std. (Wanderung hin und zurück) | C7*

INSIDER-TIPP **Tropisches Feeling**

DANA

(C9) **Für ★ Dana solltest du mindestens einen vollen Tag und eine Übernachtung einplanen.**

Das malerisch am Berg gelegene Sandsteindorf entstand im 15. Jh. Wegen der schwierigen Lebensbedingungen zogen Anfang der 1980er-Jahre viele Bewohner ins nahe gelegene Qadisiya, Dana verfiel. Heute werden einige Häuser für den Tourismus wieder genutzt. Der Atmosphäre des alten Ortes nachspüren kannst du im *Dana Tower Hotel* und in der *Wadi Dana Lodge*. Am Nachmittag auf der Dachterrasse bei einem Minztee den Sonnenuntergang anschauen und die samtige Abendluft auf der Haut spüren – unvergesslich.

INSIDER-TIPP **Fünf-Uhr-Tee**

Wer im Wadi Dana wandert, entdeckt eine großartige Canyonlandschaft

Im Naturschutzgebiet Dana, der atemberaubenden Canyonlandschaft des Wadi Dana, sind rund 800 Pflanzenarten, 190 Vogelarten und 37 weitere Tierarten zu Hause. Mehrere Wanderrouten sind gekennzeichnet, teils kann man auf eigene Faust gehen, teils mit Führung *(pro Person ca. 10–20 JD, je nach Strecke)*.

Unter dem sagenhaften Sternenhimmel von Dana will man wenigstens einmal im Leben übernachten. Mehrere Zeltcamps bzw. Hotels sind auf Buchungsportalen vertreten, die Besitzer sind Dorfbewohner und zum Teil in der Dana Cooperative zusammengeschlossen. Übernachtungen im *Dana Guest House* und im *Rummana Camp* reservierst du direkt bei Wild Jordan, der Ökotourismusagentur der Umweltschutzgesellschaft RSCN, entweder in der Zentrale oder im Besucherzentrum *(tgl. 8–15 Uhr | Tel. 03 2 27 04 98 | Eintritt Naturschutzgebiet ohne Führung 10 JD | rscn.org.jo)* neben dem Dana Guest House. Hier kannst du auch Guides buchen oder den Shuttlebus zum Rummana Camp.

ESSEN & TRINKEN

Ob in einem der wunderschönen Zeltcamps oder im Hotel – in Dana sind die Übernachtungen standardmäßig mit Frühstück. Oft bucht man auch gleich das Mittag- oder Abendessen mit. Restaurants sind rar. Spontan essen gehen ist mit etwas Glück im *Rainbow Restaurant (tgl.)* möglich. Ansonsten gibt es im 4 km entfernten Qadisiya einige Schnellrestaurants mit landestypischer Küche sowie einen Supermarkt.

RUND UM DANA

6 TAFILA

30 km/45 Min. von Dana (Auto)

Die beschauliche Kleinstadt Tafila liegt in schöner Landschaft mit grünen Hügeln. In biblischer Zeit gründeten hier die Edomiter die Siedlung Tophel. Fährt man vom südlichen Ortsteil aus auf der N60 ein paar Kilometer bergan (15–20 Min.), bietet sich ein toller Ausblick. Du kannst dort picknicken – kauf dir dafür im Ort frisches arabisches Brot und Käse! Spannend, noch wenig erschlossen und nicht ganz leicht zu erreichen ist die vorchristliche Festung *Sela (asor.org/anetoday/2019/03/New-Discoveries-at-Sela | 2 Std.)* (auch: Sil'a). Sie liegt ca. 30 Autominuten südwestlich von Tafila (N60, dann N35 bis Ain Al Baida, von dort westlich nach Al Sil'a – auch: Sal'a, in der Karte: as-Sil' – und noch ein paar Kilometer Richtung Norden, bis die Straße endet). Die letzte Etappe gehst du zu Fuß, und du solltest ein geländegängiges Auto haben, aber mit etwas Zeit und guter Kondition lohnt sich der Abstecher. *C9*

PETRA

(B10) **Der Sandstein, der in Violett, Rot, Rosa, Gelb, Beige und Braun leuchtet, die Schluchten und Wadis – Gänsehautfaktor. Die Felsenstadt ★ Petra ist der ultimative Höhepunkt jeder Jordanienreise.**

Die sagenumwobenen Nabatäer haben ihre großartige Architektur in Einklang mit dieser Natur gebracht: In den Fels meißelten sie die teils gigantisch dimensionierten Fassaden ihrer Tempel, Schatzkammern, Häuser und Gräber. Etwa 800 Monumente sind in Petra und Umgebung erhalten.

Für Petra sollte man mindestens zwei Tage einplanen und am besten schon am Tag zuvor ankommen. Wer eine Chance auf ein paar ruhige Momente haben möchte, sollte frühmorgens losgehen, sobald die Tore öffnen. Zwei Stunden später wird es schon voll und im Frühjahr und Sommer auch bald sehr warm – der Rückweg führt in der prallen Sonne bergauf. An Kopfbedeckung, Sonnenschutz und feste Schuhe denken! 2 l Wasser sind zu empfehlen, aber man kann Getränke alle paar Hundert Meter am Weg kaufen. Saubere Toiletten gibt es ebenfalls.

Durch Petra führt ein Hauptweg, der *Main Trail*. Außerdem sind weitere Wege mit unterschiedlichen Schwierigkeitsgraden ausgewiesen. Vor dem Losklettern sollte man sich genau informieren und gegebenenfalls am Besucherzentrum einen Guide engagieren.

SIGHTSEEING

Die Sehenswürdigkeiten werden in der Reihenfolge des Hauptwegs vorgestellt. *Besucherzentrum am Eingang zur Felsenstadt | April–Okt. tgl. 6–18, sonst bis 17 Uhr | Eintritt 1 Tag 50 JD, 2 Tage 55 JD, 3 Tage 60 JD, Tagestouristen (die nicht in Jordanien übernachten) 90 JD, mit Jordan Pass frei | de.visitjordan.com*

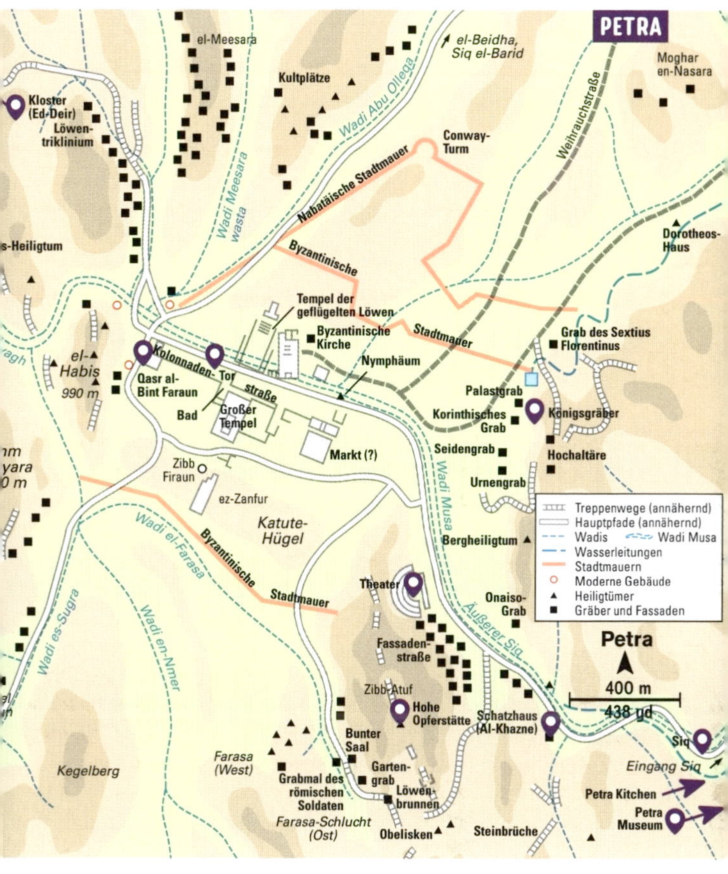

PETRA MUSEUM

Zuerst durch den Siq oder zuerst ins Museum? Klar ist: Das Petra Museum sollte man auf keinen Fall verpassen. Hier informiert eine topmoderne Ausstellung über Ursprünge und Bedeutung der nabatäischen Zivilisation. In fünf Sälen werden 280 Objekte aus verschiedenen Epochen gezeigt. Im klimatisierten Museumsshop gibt es bezahlbare Souvenirs und interessante Bücher zu Petra und seinen Bewohnern. *Tgl. 8.30–20.30 Uhr | Eintritt frei (auch ohne Tagesticket oder Jordan Pass) | 45 Min.–1 ½ Std.*

SIQ

Der Weg vom Besucherzentrum in Wadi Musa zum Eingang der engen Felsklamm, dem Siq, ist 1,2 km lang, staubig und ohne Schatten. Wer ein Ticket für Petra hat, kann die Strecke kostenlos per Pferd zurücklegen. Die beduinischen Führer sind mit dem Ti-

cket zwar schon bezahlt, sie erwarten jedoch eine „Würdigung" *(ikramiya)*, sprich ein Trinkgeld von 3–5 JD pro Strecke. Alternativ kann man am Eingang einen Platz auf dem Elektromobil buchen *(pro Person und Strecke 15 JD, bei gleichzeitiger Buchung von Hin- und Rückfahrt 25 JD)*. Unterwegs zusteigen ist möglich, sofern Plätze frei sind (Fahrpreis ebenfalls 15 JD).
Auf dem Weg zum Siq sieht man rechts drei frei stehende Felswürfel, vermutlich *Blockgräber* aus dem 1. Jh. Gegenüber befinden sich das *Obeliskengrab* und darunter ein klassisches nabatäisches Gebäude mit drei Räumen *(Triklinium)*, vermutlich eine Halle zur Totenverehrung. Der Siq, der sich zwischen 100 m hoch aufragenden Felswänden hindurchschlängelt, zeigt Spuren der nabatäischen Straßenpflasterung und an den Wänden Reste der Wasserleitungen.

SCHATZHAUS (AL-KHAZNE)

Kurz vor dem Ende der immer enger werdenden Siq-Schlucht sieht man zuerst einen Ausschnitt und dann mit einem Mal die gesamte, 43 m hohe Fassade des Gebäudes aus dem 1. Jh. v. Chr. Der erste Blick auf das Schatzhaus am Ende der Felsklamm ist überwältigend.

INSIDER-TIPP
Early Bird am Schatzhaus

Frühmorgens, wenn die Sonne die Fassade anstrahlt, leuchten die vielen Farben des Gesteins unglaublich intensiv. Hier befand sich das Grabmal für einen nabatäischen König. Die kunstvoll gemeißelte Fassade zeigt nabatäische Götter. Seinen Namen verdankt das Gebäude der Urne auf seiner Spitze, in der die Beduinen wertvolle Schätze vermuteten.

THEATER

Am Schatzhaus geht die Schlucht in die Fassadenstraße über: aneinandergereihte Gebäude, wahrscheinlich Grabmale, mit schönen Steinmetzarbeiten. Schließlich gelangst du zum in Stein gehauenen Theater. Es wurde von den Nabatäern erbaut und von den Römern auf 7000 Plätze erweitert. Von den letzten Sitzreihen aus überblickst du den Talkessel.

KÖNIGSGRÄBER

Ob sie wirklich für Könige geschaffen wurden, ist nicht bekannt: Gegenüber dem Theater sind teilweise etwa ein Dutzend Gräber übereinander in den Fels gemeißelt. Ihre Fassaden gehören zu den beeindruckendsten der ungefähr 500 Grabmale Petras.
Das kolossale *Urnengrab* hat einen Vorhof und eine große Haupthalle. Hier richteten die Byzantiner im 5. Jh. eine Kirche ein, wovon im Innenraum eine Inschrift erzählt. Daneben liegt das viel kleinere *Seidengrab*, das seinen Namen dem Reichtum der Farben verdankt: Das Gestein wirkt wie gemasert in Grau, Weiß, Blau und Rosa. Das *Korinthische Grab* hat viele Archäologen verwirrt: Der obere Teil ist eine Nachbildung des Schatzhauses, der untere eine Kopie des Trikliniums vor dem Siq. Das daneben liegende *Palastgrab* ist die Nachahmung eines römischen Palasts mit vier Toren und 18 Säulen. Es ist eines der größten und vermutlich jüngsten Monumente von Petra.

KOLONNADENSTRASSE

Hier befindet man sich im – relativ stark zerstörten – ehemaligen Herzen der Stadt. Die Römer pflasterten diese Hauptstraße im 2. Jh., gesäumt war sie von Geschäften. Vom Theater kommend sieht man rechts am Beginn der Kolonnadenstraße die Reste des *Nymphäums.* Auf der kleinen Anhöhe rechts vom Cardo Maximus liegen eine *byzantinische Kirche* und der *Tempel der geflügelten Löwen.* Der kleine Abstecher lohnt sich, weil die Kirche aus dem 6. Jh. schöne Bodenmosaiken besitzt. Auf den Säulen des Tempels thronten einst geflügelte Löwen. Im Inneren ist die nabatäische Fruchtbarkeitsgöttin Atargatis zu sehen, wie sie auf einem Delphin reitet.

QASR AL-BINT FARAUN

Was die Beduinen sich nicht erklären konnten, brachten sie mit den Pharaonen in Verbindung. Das Qasr al-Bint Faraun (Schloss der Tochter des Pharaos) am Ende der Kolonnadenstraße links ist jedoch kein Tempel für ägyptische Gottkönige, sondern für die nabatäische Hauptgöttin Du-Shara. Im wichtigsten sakralen Bauwerk Petras verbinden sich orientalische und griechisch-römische Architektur.

BERGTOUREN

In den umliegenden Bergen sind weitere spannende Monumente versteckt, die man nur über steil ansteigende Fußwege erreicht.

Ein Must-See, wenn auch megaanstrengend, ist das *Kloster (Ed-Deir):* Am Ende der Kolonnadenstraße beginnt eine Treppe mit 788 Stufen. Wenn man nach einer guten Stunde endlich oben ankommt, verschlägt es einem den noch verbliebenen Atem. Ed-Deir ist ein imposantes, gut erhaltenes Monument, mitten in der Natur in den gelblichen Stein gehauen,

Hinter der Fassade: Auch das Innere des Schatzhauses kann sich sehen lassen

Stiefel schnüren und mitzählen: 788 Stufen führen hinauf zum Ed-Deir

40 m hoch und 47 m breit. Eine riesige Urne krönt das Dach. Wandere noch ein paar Meter zu dem links liegenden Aussichtspunkt: Das Wadi Araba liegt zu deinen Füßen.

Um bei den Göttern gute Stimmung zu machen, brachten die Nabatäer Opfer dar. Etwa 200 m vor dem Theater (vom Siq kommend) zweigt ein kleiner Weg nach links ab, der nach halbstündigem Aufstieg zur *Hohen Opferstätte* führt. Auf dem Gipfel (1035 m) stehen zwei Obelisken zu Ehren nabatäischer Gottheiten. Um die 7 m hohen Obelisken zu schaffen, meißelten die Erbauer den ganzen Berggipfel rundherum weg. Die zwei Altäre auf einem Felsvorsprung wurden wahrscheinlich für Tieropfer genutzt, darauf deuten die gut erkennbaren Abflussrinnen für das Blut.

Mach auch eine Pause: Von hier oben hast du den besten Blick über die im Talkessel gelegene Stadt. Beim Abstieg nach Süden kommst du am *Löwenbrunnen* vorbei, außerdem am *Maul des Löwen*. Hier floss einst Wasser, das in die Stadt geleitet wurde, am *Gartengrab* und am *Grabmal des römischen Soldaten* (benannt nach den drei Statuen über dem Eingang in römischer Rüstung) vorbei. Der Pfad endet auf dem Hauptweg durch Petra beim Qasr al-Bint Faraun.

ESSEN & TRINKEN

In der Felsenstadt von Petra kannst du im *Nabatean Restaurant* oder im benachbarten *Basin Restaurant (beide tgl.)* zu Mittag essen. Beide haben schattige Außenterrassen und klimatisierte Innenräume. Zünftiger ist ein Picknick, das man aber schleppen muss. Kalte und heiße Getränke gibt es an Ständen zu kaufen. In Wadi Musa gibt es zahlreiche Restaurants mit solider arabischer Küche, teils auf Dachterrassen mit phantastischem Ausblick, wie z. B. das *Sky Restaurant* (im 5. Stock des Petra Boutique Hotel) oder das *Petra Night Restaurant* (neben dem Silk Road Hotel). Auch das *Beit Al Baraka Restaurant* oder das *Zawaya* sind einen Besuch wert *(alle tgl.)*.

SPORT & SPASS

PETRA KITCHEN

Arabisch kochen – du willst das auch können? Faisal und sein Team zeigen, wie es geht! Nur mit Anmeldung. *Für*

2–40 Teilnehmer | 35 JD pro Person | Tel. 03 2 15 99 00 | petrakitchen.com | €€

AUSGEHEN & FEIERN

Petra by Night (Mo, Mi/Do ab 20.30 Uhr am Schatzhaus | Eintritt 17 JD | Ticketschalter am Visitor Center): Ein Abend in den Ruinen von Petra, bei Kerzenlicht, mit Geschichtenerzählern und beduinischer Musik – unvergesslich! Wer lieber feiern gehen möchte:

INSIDER-TIPP
Feiern in der Höhle

Im *Forum Hotel* befindet sich die Bar in einer Höhle aus nabatäischer Zeit. Auch die Lounge im Atrium des *Mövenpick Hotel* ist sehr attraktiv für für eine Verabredung zum Cocktail *(beide Wadi Musa, am Eingangstor nach Petra).*

RUND UM PETRA

7 SHOBAK

20 km/20 Min. von Petra (Auto)

Die wuchtige Festung Shobak (auch: Mons Realis) beeindruckt durch ihre exponierte Lage. Sie war die erste von mehreren Kreuzritterburgen, die Balduin I. von Jerusalem im 12. Jh. östlich des Jordans zur Sicherung der Handelswege errichten ließ. Eine Besonderheit war ein tiefer Brunnenschacht im Inneren des Gebäudes. 1189 eroberte der Feldherr Saladin die Festung, im 13. Jh. erweiterten Mameluken das Bauwerk. Seit einigen Jahren werden umfangreiche Restaurierungsarbeiten durchgeführt. Es gibt vom Ort Shobak (in der Karte: aš-Šawbak) aus zwei Zufahrten – nimm die im Süden (von Petra aus im Ort an der großen Manaseer-Tankstelle links), die Straße ist breit, und der Blick ist besser. Am Besucherzentrum muss man das Auto abstellen.

INSIDER-TIPP
Willkommene Erfrischung

Der schattige kleine Innenhof ist für eine Rast sehr zu empfehlen, Abu Muhammad bereitet in seiner blitzsauberen Küche Tee und Kaffee. Bis zum Burgeingang geht es ca. 8–10 Minuten einen recht steilen, gepflasterten Weg bergauf. Bis zu drei Personen können sich auch mit dem Elektromobil nach oben fahren lassen *(15 JD pro Fahrt und Wagen). Sommer tgl. 8–18, Winter 8–17 Uhr | Eintritt 1 JD, im Jordan Pass enthalten | ⏲ 1–2 Std. |* *C9*

SCHÖNER SCHLAFEN AN DER KÖNIGSSTRASSE

TRAUM UND TREKKING

Im *Ammarin Bedouin Camp (10 km nördlich von Petra, Abzweigung am Checkpoint | Tel. 079 9 75 55 51 | bedouincamp.net | €€)* bist du nicht nur zu Gast, sondern lernst auch ganz viel Neues. Die Betreiber nehmen dich mit auf Kameltrekkings und Wandertouren und unterstützen die Ausbildung von Kindern und Jugendlichen. Eine kleine archäologische Fundstätte, Beidha, ist gleich nebenan zu besichtigen.

DER SÜDEN

STERNENZELT TRIFFT UNTERWASSERWELT

Die einen landen per Flieger oder per Schiff in Aqaba und starten hier in ihr Jordanien-Abenteuer. Die anderen haben schon eine vollgepackte Rundreise hinter sich und sind selig, dass sie ein paar Tage Beachlife genießen, endlich chillen und die vielen aufregenden Erlebnisse sacken lassen können.

Nach dem staubigen Wüstensand ist das erste Bad im kristallklaren Wasser des Roten Meers eine unvergessliche Wohltat. Lass die grandiosen Naturphänomene auf dich wirken! Spür Sonne und Wind,

Beim Tauchen im Roten Meer die Wunderwelt der Korallenriffe bestaunen

Wasser und Sand auf deiner Haut. Stark sind die Gegensätze: Die unvergleichliche Wüstenlandschaft des Wadi Rum und die coolen Strände am Golf von Aqaba sind nur eine Autostunde voneinander entfernt. Doch auch wenn man sich nach der Ruhe in der Wüste vielleicht erst an das pulsierende Leben im quirligen Aqaba gewöhnen muss: Beim Schnorcheln oder Tauchen in den Korallenriffen mit ihrem Reichtum an Fischen und Farben ist alles andere egal. Mit etwas Glück triffst du sogar Delfine oder Wale an!

DER SÜDEN

Samar
Elifaz
65
90
Be'er Ora
Ayn al Hawwarah
ISRAEL
Eilot
Eilat
Tall al Khalifa
70 km, 1 Std.
80
Red Sea Grill Restaurant
Aqaba
S.100
Askān al Mīnā'
Gulf of Aqaba
15
Al Yamānīyah
Tala Bay
6 km
3.73 mi

MARCO POLO HIGHLIGHTS

★ **RED SEA GRILL RESTAURANT**
Panoramablick und nächtliches Lichtermeer über dem Golf von Aqaba
➤ S. 103

★ **WADI RUM**
Stille der Wüste und Beduinenkultur fernab der modernen Zivilisation
➤ S. 105

AQABA

(🕮 A13) **Luxusherbergen und Containerschiffe – Aqaba (150 000 Ew.) lässt beides zu.**

Der einst beschauliche Ort am Roten Meer hat sich zu einem „Tor zur Welt" gemausert – ein sonnenverwöhnter Flecken Erde, der ganzjährig internationale Besucher anzieht.

Der früher sehr kurze Küstenabschnitt ist heute 26 km lang, weil Saudi-Arabien 1965 bei einem Landtausch 12 km an Jordanien abgetreten hat. In Sichtweite auf der anderen Seite der Bucht liegt der israelische Badeort Eilat. Trotz der Nähe zwischen Stränden, Containerhafen und Industrieanlagen bietet Aqaba perfektes Urlaubsfeeling. Die Wasserqualität ist gut, und die Korallenriffe scheinen gegen die Meereserwärmung (noch) besser gerüstet zu sein als anderswo.

Der Containerhafen ist in Krisenzeiten oftmals eine zuverlässigere Einnahmequelle als der Tourismus. Um die Infrastruktur zu verbessern, werden die Hafenanlagen ständig verbessert und weitere Hotels sowie Wohnungen für die rasch wachsende Bevölkerung gebaut. Von den Baustellen bekommen die meisten Touristen jedoch wenig mit. Um junge Menschen in die Stadt zu holen und die Abwanderung zu bremsen, sind mehrere Hochschulen angesiedelt worden, darunter eine Zweigstelle der staatlichen University of Jordan.

Trotz allem hat Aqaba noch immer den Charakter einer ruhigen Kleinstadt, die am Abend belebter ist als andere jordanische Städte, beispielsweise an der mit Palmen gesäumten Corniche. Historische Sehenswürdigkeiten sind in Aqaba rar, aber die Stadt punktet mit dem Blick auf den Sinai, Tauchgründen, buntem Streetlife und relaxter Atmosphäre.

In Aqaba ist es fast immer warm. Im Winter ist es frühlingsmild. Im Sommer kann es extrem heiß werden (tagsüber bis 50 Grad Celsius), aber die trockene Luft macht es erträglich. Die durchschnittliche Wassertemperatur liegt bei 23 Grad.

Parken im Stadtzentrum ist einfach: am Sherif Hussein Circle (auf Google Maps auch Ayla Circle) zum Royal Yacht Club einbiegen, scharf rechts auf dem großen Platz kann man für 2 JD pro Tag parken. Wer im Royal Yacht Club oder in einem der Restaurants am Yachthafen einkehrt, zahlt 5 JD und erhält einen Voucher über 4 JD für die Restaurants und Cafés.

WOHIN ZUERST?

Royal Yacht Club: Eintritt frei, magischer Blick auf den Sinai, Topküche zu zivilen Preisen – perfekt, um ein Gefühl für Aqaba zu bekommen. Den Mietwagen kannst du in der Nähe abstellen, bewachte Parkplätze gibt es am Yachthafen.

SIGHTSEEING

AYLA

Wenn man nicht wüsste, dass hier die Ruinen der um 650 n. Chr. gegründe-

ten islamischen Stadt liegen, man würde achtlos dran langlaufen. Direkt gegenüber vom Mövenpick, frei zugänglich. *Tgl. | Corniche | Eintritt frei*

STRANDPROMENADE AQABA CITY

Vom Sherif Hussein Circle gibt es zwei Möglichkeiten, zu Fuß das mamelukische Fort zu erreichen: auf dem Gehweg oben an der Straße oder unten, auf dem asphaltierten Weg direkt am öffentlichen Stadtstrand entlang. Beide Wege heißen bei den Einheimischen Corniche. Der Weg am Wasser entlang ist zur einen Seite gesäumt von fruchtbaren Gärten, wo im Schatten von Dattelpalmen Minze und anderes Grün gedeihen. Auf der anderen Seite liegen Fischerboote oder Glasbodenboote, mit denen man die Unterwasserwelt erkunden kann. Nach einem guten Kilometer erreicht man das Fort und einen neuen Gebäudekomplex, der bis zum Meer reicht und dessen Zentrum der sogenannte Platz der Arabischen Revolte bildet.

MAMELUKISCHES FORT

Das Fort von Aqaba und das direkt daneben gelegene Archäologische Museum sind für Jordanien von hohem symbolischem Wert. Denn um 1916 waren hier Sherif Hussein und König Faisal, der Ururgroßvater und der Urgroßonkel des heutigen Königs Abdullah II., an der Arabischen Revolte gegen die Osmanen beteiligt – und damit letztlich an der Gründung Jordaniens. Angrenzend an das Fort ist der neue Baukomplex rund um den

Platz der Arabischen Revolte entstanden, mit zahlreichen Geschäften, Restaurants und einem Amphitheater für kulturelle Veranstaltungen. Dabei wurden auch die Zugänge zum Fort und zum Museum modernisiert und die historischen Gebäude restauriert. Die Arbeiten waren bei Redaktionsschluss dieses Reiseführers noch nicht beendet. *April–Okt. tgl. 8–19, Nov.–März 8–16 Uhr | Corniche | Eintritt 3 JD*

Flanieren unter Dattelpalmen: Uferpromenade in Aqaba

STRANDPROMENADE SOUTH BEACH

Am South Beach, vor dem Marine Park, ist diese große neue Strandpromenade mit zahlreichen Parkplätzen und Sitzbänken entstanden. Ein schöner Aussichtspunkt mit Blick auf den blau schillernden Golf von Aqaba und die sandfarbenen Bergmassive des Sinai!

ESSEN & TRINKEN

Arabische Vorspeisen, Grillgerichte, Fisch, Sushi, Pizza, Burger: Das Angebot an Restaurants in allen Preisklassen ist in Aqaba riesig. Nicht alle servieren alkoholische Getränke, und nicht immer sind die teuersten Fischrestaurants auch die besten.

INSIDER-TIPP
Fisch essen wie die Einheimischen

Einfach, günstig und original isst man Fisch in den Restaurants im sogenannten *Suq Samak* auf der Landseite der Küstenstraße gegenüber vom Fort.

ROMERO

Marhaba, Dolce Vita! Europäisch-orientalisches Menü, Weine aus Jordanien und das Flair der Marina im Royal Yacht Club. Klasse. Ab 13 Uhr. *Tgl.* |

Royal Yacht Club, Corniche | Tel. 03 2 02 24 04 | ryc@romerogroup.jo | €€

RED SEA GRILL RESTAURANT ★

Phantastischer Fisch und Meeresfrüchte, zum Dessert die legendäre Tarte mit Birnen, und die Aussicht aufs Rote Meer plus Sinai gibt es gratis dazu. Dieses exquisite und dennoch erschwingliche Mövenpick-Restaurant im Stadtzentrum ist leider mittags und in den Wintermonaten geschlossen – aber vielleicht ändert sich das ja noch. *Tgl., nur März–Aug. | Mövenpick Hotel | King Hussein Street | Tel. 03 2 03 40 20 | €€–€€€*

NAFISA SWEETS

Lust auf Süßes? Leckere Törtchen und orientalische *knafeh* stehen beim Konditor Nafisa zur Auswahl.

INSIDER-TIPP **Dreiecksbeziehung**

Feines Mastixeis hat hier die Form eines weißen Dreiecks mit grünem Pistazienrand. *Tgl. | Rashid Street, oberhalb der Treppe gegenüber Ocean Restaurant*

RAKWET KANAAN

Das Beste aus Orient und Okzident, auch italienischer Cappuccino. Urgemütlich mit seinem Mix aus rustikaler Nostalgie und Pop-Art. Langschläfer bekommen auch mittags noch ein arabisches Frühstück mit Tee, Thymianpizza und Frischkäsespezialitäten, Auflauf mit Joghurt, arabischem Brot und Kichererbsen. Kein Alkohol, aber kreative Fruchtcocktails und Smoothies. Nachts eine der angesagten Adressen für Shisha. *Tgl. | Al Saada Street | Tel. 077 7 57 77 00*

SHOPPEN

Elektronik, alkoholische Getränke, Sportkleidung zu günstigen Preisen – die Duty-Free-Zone macht es möglich. Für Jordanier sind die Preisnachlässe interessant, für Reisende aus der EU nur teilweise. Haupteinkaufsstraße ist die *Hussein-Bin-Ali-Straße,* weitere Geschäfte findet man in den Vierteln östlich davon. Souvenirs sind in Aqaba meist relativ teuer. Nüsse, Süßes und Gewürze in sehr guter Qualität gibt es bei *Anabtawi (Saadah Street 12). Kamschat Simsim (50 m vom Restaurant Alibaba | Ladenname nur auf Arabisch)* hat

INSIDER-TIPP **Souvenir für die Sinne**

Kaffee, Trockenfrüchte und Zaatar-Mischungen, schmackhaft und reisefest verpackt.

SPORT & SPASS

Radfahren, Hochseilgarten, Golf, Minigolf, Tennis – in Aqabas Hotels und Freizeitparks gibt es viele Angebote an Land. Doch den meisten Gästen geht es vor allem um Strand und Meer. Man hat die Wahl zwischen Banana-Boat-Jetski, Wasserski, Gleitfliegen, Schnorcheln, Tauchen und mehr. Kinder freuen sich meist über Bootstouren.

SARAYA AQABA WATER PARK

Der größte Wasserpark Jordaniens, mit mehr als 25 Rutschen und weiteren Attraktionen, hat 2022 eröffnet. *Tgl. 11–19 Uhr | Eintritt 25 JD, Kinder 20 JD | Tickets am Eingang | Zugang durch das Saraya Aqaba Resort | sarayaaqabawaterpark.com*

BOOTSTOUREN

Korallen und Fische auf Augenhöhe bestaunen! Die Glaskabine der *Coral Whispers* reicht 3 m unter den Meeresspiegel. Buchbar mit Lunch, Barbecue und DJ an Bord sowie Schnorchel- oder Tauchgang im Meer. *Fun n Sun | Tel. 03 2 03 30 31, 2 03 07 77 und 2 03 07 76 | fun-n-sun.com*

TAUCHEN

Die Agentur *Magic Aqaba (Tel. 077 0 82 81 81 | magicaqaba.com)* konzipiert und organisiert Touren für Einzelreisende und Gruppen, z. B. auch Schnorcheltouren und Tauchen in Wracks, von denen es in Aqaba rund zehn gibt (darunter mehrere Panzer, zwei Boote, einen Helikopter und ein Flugzeug). Im Club *Sea Star Watersports (Al Saada Street | Tel. 03 2 01 83 35, abends 079 6 66 11 37 | aqabadivingseastar.com)* unterrichten einige der besten Tauchlehrer der Stadt.

WELLNESS

JANNA SPA

Dampfen, schrubben, pellen – mach dich gefasst auf die gesamte Palette orientalischer Wellness. Besondere Pluspunkte: unaufdringliche Bedienung und faire Preise. Nur für Frauen. *Sa–Do 9–21, Fr 12–21 Uhr | Reservierung empfohlen | Al Saada Street | Tel. 03 2 05 19 91 | janna-spa.com*

STRÄNDE

Direkt am Strand wohnen, ohne Kneipen vor der Tür? Wer Abgeschiedenheit sucht und es nachts ruhig haben möchte, reserviert am besten in einem der Hotels in Tala Bay. Wer ins abendliche Gewusel von Aqaba abtauchen will, kann im Stadthotel einchecken und tagsüber zum Strand fahren.

Viele kleinere Hotels in Aqaba haben keinen eigenen Strand, aber sie orga-

Das Strandleben am Roten Meer bietet allerfeinste Entspannung

nisieren Shuttles zu verschiedenen Strandclubs, wie z.B. *Berenice Beach Club* und *Tala Bay Beach Club*. Etwas günstiger als Berenice oder Tala Bay sind die kleineren Resorts direkt an der Küste, wie z.B. das *Bedouin Garden Village*.

INSIDER-TIPP
Finde dein Resort

Im Zuge des Straßenneubaus sind möglicherweise einige Schilder verschwunden – dann die Abzweigung *Beit Aqaba* nehmen.

Die stadtnahen öffentlichen Strände sind nett zum Spazierengehen, aber nicht zum Baden, da wenig gepflegt. Besser sind die öffentlichen Strände weiter südlich, im *Aqaba Marine Park*. Hierher kommen auch Tauchschulen. Toiletten, Umkleidekabinen, Duschen und fest installierte Sonnenschirme sind kostenlos. Freitags und samstags kann es voll werden! Da es sich um einen Steinstrand handelt, sind Schwimmschuhe eine gute Idee.

Eine weitere Möglichkeit ist, in einem Hotel ein Tagesticket zu kaufen. Beispiel: Mövenpick Aqaba (Stadt) 25 JD für einen ganztägigen Aufenthalt am Strand mit Strandliege und Handtuch, dazu Zugang zu drei Pools, Jacuzzi und Sauna. Achtung: An den großen Hotels gibt es teils strenge Sicherheitskontrollen, auf jeden Fall den Reisepass mitnehmen.

AUSGEHEN & FEIERN

ROVERS RETURN

Traditionsadresse: Eingang durch das Gateway Aqaba am Kreisverkehr. Auf der Terrasse kannst du bei einem Drink den Blick über die nächtliche Bucht genießen. *Tgl. | im Gateway am Sherif Hussein Circle | Tel. 03 2 03 20 30 | roversreturnjordan.com*

THE BOP

Im Arabischen spricht man das Wort Pub wie „Bop" aus. Essen und Getränke gibt's im Innen- und Außenbereich, auch Shisha. Live-DJs sorgen bis in den frühen Morgen für Stimmung auf dem Dancefloor. *Bei Redaktionsschluss vorerst nur Do/Fr | Anruf bzw. Reservierung empfohlen | Mövenpick Resort Tala Bay | Tel. 03 2 09 03 00 | €€*

WADI RUM

(📖 B–C 12–13) **„Unermesslich, vom Echo widerhallend, göttlich" – so hat der Abenteurer Lawrence von Arabien die Wüstenlandschaft des ★ ⚑ Wadi Rum bezeichnet.**

Entstanden ist das Wadi Rum (in der Karte: Wādī Ramm) vor etwa 30 Mio. Jahren durch eine Hebung aus tieferen Erdschichten. Es ist 100 km lang und 60 km breit, die Felsformationen bestehen aus Granit und Sandstein.

Die Herrschaft über das Wadi Rum beanspruchen mehrere alteingesessene Beduinenstämme. Um die Konkurrenz zu mildern, wurden verschiedene Zonen geschaffen. Am besten, du startest in *Rum* (in der Karte: Ramm), denn diese Touren sind landschaftlich besonders spektakulär. Etwa 6 km vor dem Dorf liegt am Eingang des Wadis das *Besucherzentrum (tgl. 8–19 Uhr | Eintritt 5 JD | Tel. 03 2 09 06 00)* mit riesigem Parkplatz. Wer nicht im Voraus gebucht hat, reserviert hier eine Tour und bekommt einen Guide zugewiesen. Die Mitnahme des eigenen Pkw kostet 20–35 JD pro Tag, ein Pkw mit Vierradantrieb und Guide (für bis zu sechs Personen) für einen halben Tag 70 JD, für einen ganzen Tag mit komplettem Besuchsprogramm 80 JD, ein Kamelritt (halber Tag) 25 JD.

Auf jeden Fall solltest du eine Nacht im Beduinenzelt verbringen. Der Sonnenuntergang und der Sternenhimmel sind unvergesslich. Übernachtungen im Bedu-Camp in der Wüste kannst du vorab oder vor Ort buchen, die Preise variieren je nach Ausstattung und Camps zwischen 30 und 250 JD pro Person und Nacht. Tipp: Nimm Bezüge für Kissen und Bett mit, im Winter ist ein eigener Schlafsack sinnvoll.

SIGHTSEEING

NABATÄER-TEMPEL

Etwa 500 m hinter dem Dorf am Eingang zum Wadi Rum sind die Reste eines Nabatäer-Tempels aus dem 1. Jh. zu sehen, der später von den Römern vergrößert wurde.

Hingucker im Wadi Rum: die Burdah-Felsenbrücke

AIN SHELAALI (LAWRENCE-QUELLE)

Wenn du ein Stück kletterst, hast du einen schönen Blick über das Wadi Shelaali.

KLEINER SIQ

Der „Kleine Siq" ist eine enge Felsschlucht mit natürlichen Wasserbecken. *Jabal Khazali*

LAWRENCE HOUSE

Ein Haufen Steine erinnert an die Unterkunft, in der der britische Abenteurer übernachtete. Die nahe gelegene rote Sanddüne ist einen Abstecher wert.

BURDAH-FELSENBRÜCKE (ROCK BRIDGE)

Tief im Wadi versteckt, hat sich diese natürliche Felsenbrücke in etwa 80 m Höhe gebildet. Manche klettern hinauf und lassen sich fotografieren, was aber nicht ganz ungefährlich ist.

UMM FROUTH

Die „Kleine Brücke" ist für Fotos genauso geeignet wie die Burdah-Felsenbrücke. Da dieser Felsbogen sich nur ca. 20 m über dem Boden erhebt, ist er leichter zu besteigen. Schwindelfrei sollte man aber dennoch sein.

ESSEN & TRINKEN

Nicht ganz billig, aber gut, klimatisiert und mit schöner Außenterrasse: *Foodex (tgl. 8–19 Uhr | Tel. 079 9 04 54 45 | foodexjo.com | €€)*. In den meisten Camps bucht man das Essen mit. Serviert werden Buffets, Barbecues und traditionelle beduinische Gerichte wie z. B. *zarb* (langsames Garen mit Holzkohle im Erdloch).

SPORT & SPASS

BALLONFAHRTEN ☂

Husch, husch ins Körbchen? Nicht so einfach, denn beim Ballonfahren in Wüstengebieten kommt es besonders auf die Thermik an. Beim *Royal Aero Sports Club of Jordan (Tel. 079 7 30 02 99 | rascj.com)* fliegen Profis mit dir. Termine werden individuell gebucht und können nur stattfinden, wenn das Wetter stimmt (Dauer inkl. Transport im Wadi Rum ca. 3 Std.). Außerdem im Angebot: Fallschirmspringen und Gleitschirmfliegen.

KLETTERN

Mehrere lokale Agenturen bieten Kurse und Felsklettertouren mit unterschiedlichen Schwierigkeitsgraden an.

SCHÖNER SCHLAFEN IM SÜDEN

UNTER DEN STERNEN

Mancherorts ist das Wadi Rum inzwischen auch ziemlich voll, laut und schick. Aber noch gibt es einfache Camps, wo du unverfälschte Erfahrungen machen kannst, ohne Diskolärm, knatternde Quads und – angesichts der Wasserknappheit in Jordanien – aberwitzig anmutende Swimmingpools. Authentische Erlebnisse verspricht nach wie vor das *Captains Desert Camp (Tel. 03 2 01 69 05 | captains-jo.com)*.

ERLEBNIS TOUREN

Lust, die Besonderheiten der Region zu entdecken? Dann sind die Erlebnistouren genau das Richtige für dich! Ganz einfach wird es mit der MARCO POLO Touren-App: Die Tour über den QR-Code aufs Smartphone laden – und auch offline die perfekte Orientierung haben.

1 AUF DEN SPUREN DER BIBEL

- Sehen, wo Jesus getauft wurde
- Serpentinen und himmlische Ausblicke am Berg Nebo
- In Madaba im „Café Universum" chillen

Amman

Amman

225 km

1 Tag, reine Fahrzeit 3–4 Stunden

Mitnehmen: viel Trinkwasser, angemessene Kleidung für den Besuch religiöser Stätten (lange Hosen/Röcke, langärmelige Oberteile, leichtes Tuch als Kopfbedeckung)
5 **Madaba:** Im **Haret Jdoudna** vorab reservieren
1 **Amman:** Tisch fürs Dinner im **Vinaigrette** reservieren

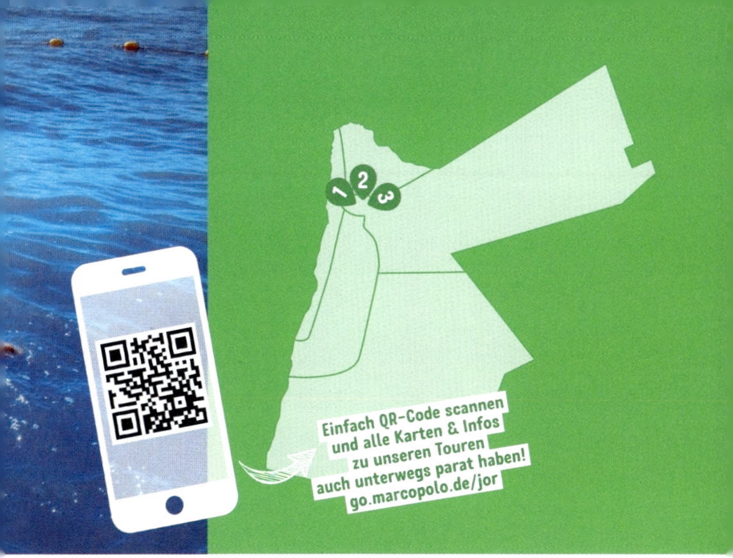
1
2
3
Einfach QR-Code scannen
und alle Karten & Infos
zu unseren Touren
auch unterwegs parat haben!
go.marcopolo.de/jor

Lass dich bei einem Bad im Toten Meer vom Salzwasser tragen

RUNTER ZUM JORDAN UND ANS TOTE MEER

Das Jordantal ist Ausgangspunkt dieser eindrucksvollen Tour durchs Heilige Land. *Von* ❶ **Amman** ➤ S. 40 *aus erreichst du das erste Ziel in etwa einer Stunde mit dem Auto über die Nationalstraße 40, die sich als spektakuläre Panoramastraße bergab Richtung Totes Meer windet. An einer T-Kreuzung fährst du nach rechts zur* ❷ **Taufstätte Jesu (Al-Maghtas)** ➤ S. 75: Hier soll Bethanien liegen, der Ort, an dem Johannes der Täufer lebte und an dem er Jesus taufte.

Nach der ein- bis zweistündigen Besichtigung *fährst du auf derselben Straße zurück,* allerdings nicht nach Amman, sondern *geradeaus Richtung Sweimeh.* Zeit, sich zu erfrischen – ein Pausenspot ist z. B. der Pool des ❸ **Dead Sea Spa Hotel** *(Tel. 05 3 56 10 00 | dssh.jo).* Man kann auch am Hotelstrand ein Bad im **Toten Meer** ➤ S. 76 nehmen. Denk daran, dass du anschließend unbedingt eine Dusche brauchst, um das Salzwasser abzuwaschen.

❶ Amman

55 km

❷ Taufstätte Jesu

20 km

❸ Dead Sea Spa Hotel

33 km

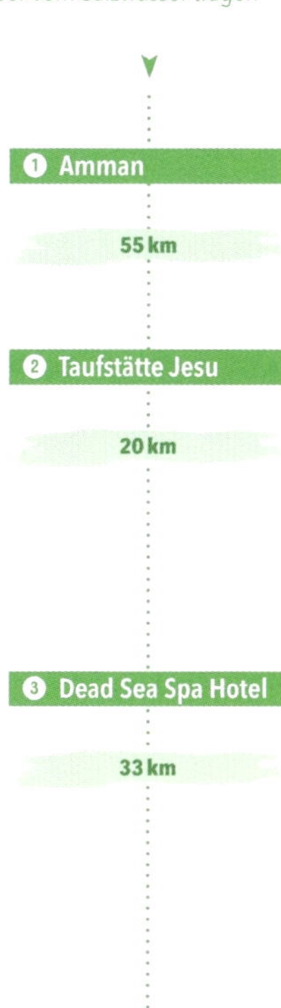

PILGERBERG & KOSTBARE KIRCHEN

Danach geht es ein Stück zurück Richtung Amman bis zum Dorf Kufrein. Dort zweigt der Weg nach Madaba ab

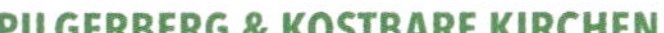

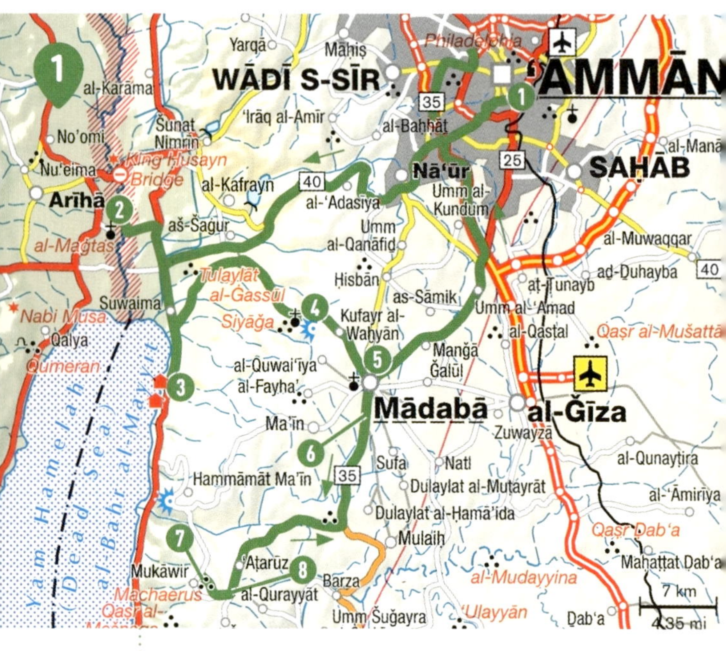

(Schilder). Die Straße schlängelt sich in Serpentinen wunderschön aufwärts bis zum ❹ **Berg Nebo ➤ S. 86**. Hier soll Moses nach dem Auszug aus Ägypten das Gelobte Land gesehen haben (5. Buch Mose 34).

❹ Berg Nebo

9 km

Vom Berg Nebo fährst du direkt weiter in die christlich geprägte Stadt ❺ **Madaba ➤ S. 84** mit ihren zahlreichen Kirchen und Museen. Nimm dir Zeit für den **Archäologischen Park** und für die **Kirche Johannes der Täufer**. Im trashig-modernen **Kawon Café** („Café Universum") kannst du vegetarisch futtern und phantasievolle Kaffeekreationen trinken. Sehr lecker ist auch das Essen im Restaurant **Haret Jdoudna**.

❺ Madaba

4 km

GRUSELSTORY AN DER ALTEN KÖNIGSSTRASSE

Wenn du von Madaba aus die ❻ **Königsstraße ➤ S. 80** *nach Süden nimmst,* befindest du dich auf einem der ältesten Verkehrswege der Welt. *12 km südlich von Madaba biegst du rechts ab zur Festung* ❼ **Mukawir (Herodes-Festung) ➤ S. 86**. Im antiken Machärus, wie der

❻ Königsstraße

30 km

❼ Mukawir (Herodes-Festung)

Ort einst hieß, sind heute nur noch einige Fundamente der Festung zu sehen. König Herodes Antipas soll hier Johannes den Täufer gefangen genommen haben, weil dieser ihm öffentlich Ehebruch vorwarf. Johannes wurde hingerichtet, Salome brachte der Mutter das Haupt auf einer Schale (Markusevangelium 6,14 bis 6,29). Der steile Aufstieg zur Festung erfordert etwas Kondition, aber wer oben ist, wird mit einer phantastischen Aussicht belohnt.

TOLLE TEPPICHE, SCHICKES DINNER

Auf dem Rückweg von Mukawir liegt nach ca. 3 km links ein Gebäudekomplex mit den 8 Werkstätten und Verkaufsräumen der Bani Hamida. Der Beduinenstamm ist berühmt für seine farbenfrohen, handgewebten Teppiche. *Zurück in* 1 Amman, wartet ein leichtes Dinner im schicken Sushi-Restaurant Vinaigrette mit Blick auf die glitzernde nächtliche Skyline der Stadt.

2 AMMAN ZU FUSS ENTDECKEN

- **Sich fühlen wie im alten Rom**
- **Downtown orientalische Düfte schnuppern**
- **Moderne arabische Kunst kennenlernen**

Römisches Theater

Royal Film Commission

9 km

1 Tag, reine Gehzeit 2–3 Stunden

Mitnehmen: Trinkwasser

VON ANTIKE BIS KUNSTPROJEKT

Starte am 1 Römischen Theater ➤ S. 44, *überquere das ehemalige Forum und halte dich links, Richtung Downtown. Nach ca. 100 m liegt rechts das* 2 Nymphäum ➤ S. 44, ein antiker Mix aus Tempel und Brunnen.

❸ Obst- und Gemüsemarkt
❹ Souvenirläden

Schlendere über den ❸ **Obst- und Gemüsemarkt** *und wechsle auf die Parallelstraße* mit vielen gut sortierten ❹ **Souvenirläden** zum Stöbern.

❺ Jordan Museum
❻ Saftkiosk
❼ Duke's Diwan

An der **Al-Husseini-Moschee ➤ S. 44** *vorbei läufst du einige Hundert Meter bis zum* ❺ **Jordan Museum ➤ S. 44**, zu erkennen an einem ausrangierten, antiken Eisenbahnwaggon vor der Tür. *Nach dem Besuch führt der Weg wieder zurück Richtung Downtown, an der Al-Husseini-Moschee entlang, und direkt gegenüber vorbei an einem* ❻ **Saftkiosk**. *Bieg in die Faysal-Straße ein, Richtung Innenstadt. Nach ca. 200 m befindet sich auf der rechten Seite das urige Kunstprojekt* ❼ **Duke's Diwan ➤ S. 45** im Gebäude der 1924 erbauten Bank of Palestine.

AUF TREPPENSTUFEN DURCH DIE STADT

❽ Al Quds (Jerusalem) Restaurant
❾ Kalha-Treppe
❿ Darat al-Funun

An der nächsten Straßenkreuzung rechts ab gibt es Brunch, Lunch oder ein Pistazieneis auf die Hand im traditionsreichen ❽ **Al Quds (Jerusalem) Restaurant ➤ S. 47**. *Direkt gegenüber wartet schon die ebenso steile wie berühmte* ❾ **Kalha-Treppe**, *die das quirlige alte Stadtzentrum mit dem ruhigeren Wohnviertel* **Jabal Webdeh ➤ S. 48** *verbindet.* Schau auf der Hälfte der Treppe, ob das **Jadal Center for Culture ➤ S. 50** geöffnet hat. *Am Ende der Treppe biegst du rechts ab, dann links in die Nadim-Al-Mallah-Straße. Rechts siehst du das untere Ende des Kunsthauses* ❿ **Darat al-Funun ➤ S. 45**.

⓫ Paris-Platz

Nach der Besichtigung und einer kurzen Rast *gehst du oben raus, Richtung Luzmila-Krankenhaus, überquerst den Parkplatz und läufst durch die Fuad-Salim-Straße zum* ⓫ **Paris-Platz**, dem Herzen des Jabal Webdeh. *Am Institut Français vorbei finden sich an der Kulliat Al Shareea Street* süße oder herzhafte Köstlichkeiten in der **Patisserie Fayrouz** und im Delikatessenladen **Al Amana Dairy ➤ S. 49**.

⓬ Nationalgalerie

Direkt weiter geht es anschließend zum Webdeh-Park (Muntazah Al Webdeh) und zur ⓬ **Nationalgalerie ➤ S. 46**.

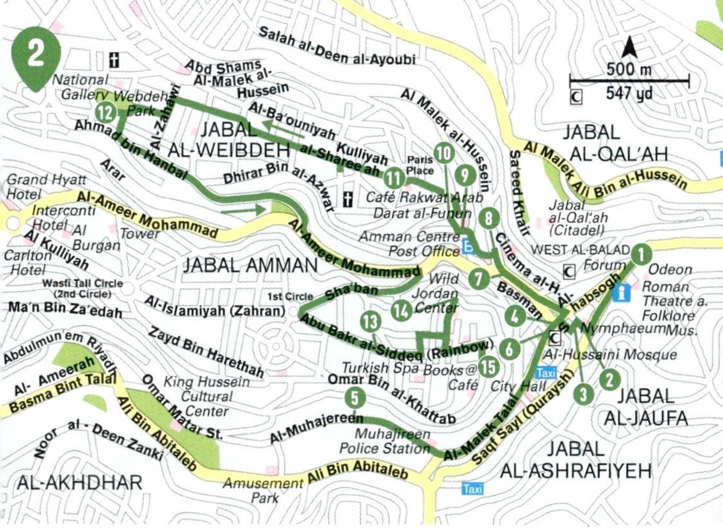

MOKKATÖPFE & FILMTERRASSE

Nach dem Kunstgenuss fährst du auf den gegenüberliegenden **Jabal Amman**: *Nimm ein Taxi oder ein Careem zum 1st Circle und lass dich am Anfang der* **⑬ Rainbow Street** *absetzen. Links* findest du viele Souvenirgeschäfte und – ganz klein – eine der ältesten und günstigsten Falafelbuden der Stadt, **Falafel Al Quds**. *Nach weiteren 250 m liegt auf der rechten Seite* das Haushaltswarengeschäft **Sadek Home**: Im Untergeschoss gibt es arabische Küchensachen vom Falafel-Löffel bis zum kupfernen Stieltopf für Mokka – für Kochfans ein Paradies!

INSIDER-TIPP
Kochgeräte-Himmel

⑬ Rainbow Street

Geh von hier weiter die Straße hinunter und bieg an der Uthman-Bin-Affan-Straße links ab, Richtung **⑭ Café Wild Jordan** ➤ S. 47. Hier kann man zu fast jeder Tageszeit bei leckerem Essen und tollem Ausblick chillen. *Danach geht es noch mal zurück zur Rainbow Street, links ab und ca. 200 m weiter rechts ab in die sogenannte Mango Street. Auf der* **Terrasse** der **⑮ Royal Film Commission** ➤ S. 52 warten traumhafte Fotomotive und mit etwas Glück eine Filmvorführung im Freien.

⑭ Café Wild Jordan

⑮ Royal Film Commission

❸ DIE ENTDECKERROUTE: LIEBLICHE HÜGEL UND HISTORISCHE ORTE

- ➤ Ammans grüne Umgebung kennenlernen
- ➤ Brunch bei den Powerfrauen
- ➤ Prächtige alte Wohnpaläste in Salt entdecken

Amman

Amman

115 km

1 Tag, reine Fahrzeit 2 Stunden

❸ **Iraq al-Amir:** Brunch in der **Frauenkooperative** vorab bestellen

GROTTEN, BRUNCH & GALERIEN

Von ❶ Amman ➤ S. 40 *aus fährst du Richtung Wadi as-Sir. Am* ❷ Bach kannst du Reste römischer Aquädukte entdecken und im Frühjahr auf den Wiesen mit etwas Glück eine Schwarze Iris, eines der nationalen Symbole Jordaniens. *Etwa 10 km weiter erreichst du das Dorf* ❸ Iraq al-Amir („Höhle des Prinzen"). Klettere die steilen Treppen rauf und besichtige die in den Fels gehauenen Grotten. Sie waren früher einmal bewohnt. *Danach geht es zum geheimnisumwitterten „Sklavenschloss"* ❹ Qasr al-Abd. Das im 2. Jh. v. Chr. entstandene Bauwerk ist eine der wenigen gut erhaltenen Ruinen aus hellenistischer Zeit. *Fahr dann zurück nach Iraq al-Amir und besuch die an der Straße gelegene* Frauenkooperative *(Iraq Al Amir Women's Association | Tel. 077 5 93 14 63).* Stärk dich mit einem leckeren arabischen Brunch (10 JD pro Person) und stöbere in der Papier- und Töpferwerkstatt nach hübschen Mitbringseln!

Anschließend geht es durch malerische Landschaften nach ❺ Fuheis (ausgeschildert). Hier kannst du im alten Stadtkern Kunstgalerien besuchen und eine Mittagsrast im Caférestaurant Zuwwadeh *(tgl. | €€)* einlegen.

ERST VILLEN, DANN CHILLEN

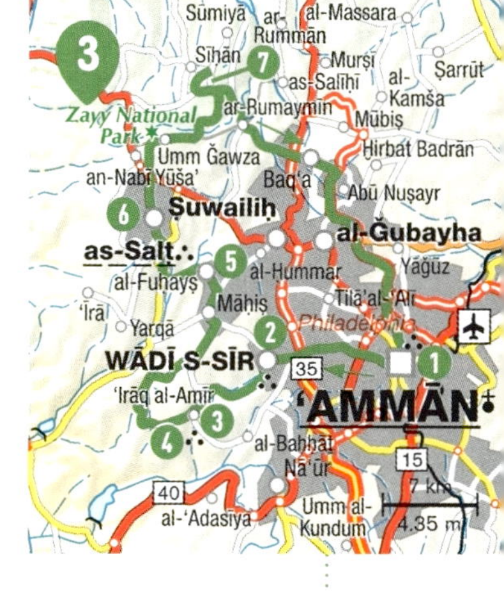

Von Fuheis fährst du nach 6 Salt ➤ S.52*. Stell das Auto am Besucherzentrum ab und beginn mit dem* Archäologischen Museum*. Folge anschließend der Straße ca. 150m bergauf und bieg links ab in den kleinen arabischen Souk in der Hammamat-Straße. Am Ende der Straße liegt links das* Stadtmuseum. Nach einem Rundgang durch den italienisch-orientalisch gestylten Wohnpalast *nimm direkt neben dem Museum die Treppe bergauf, bis zur Fahrstraße oberhalb des Museums. Halte dich links, dann siehst du nach wenigen Metern das liebevoll restaurierte Caférestaurant* Beit Aziz mit ausgezeichnetem Essen und Panoramablick über die Altstadt. Einige Köstlichkeiten wie Oliven, eingelegte Auberginen und Kräuter werden auch zum Kauf angeboten. *Zurück zum Parkplatz geht es zu Fuß auf demselben Weg, oder du nimmst ein Taxi.*

SUNDOWNER IN SCHÖNER LAGE

Noch Lust auf einen gemütlichen Sundowner oder ein Abendessen an der frischen Luft? Dann lohnt sich die *Fahrt in die rund 15km entfernte* 7 Mountain Breeze Lodge & Resort ➤ S.54. *Von hier geht es in ca. 45 Autominuten zurück nach* 1 Amman.

6 Salt

23 km

7 Mountain Breeze Lodge & Resort

38 km

1 Amman

Löwenstark: 2000 Jahre alte Kunst am Qasr al-Abd

GUT ZU WISSEN

DIE BASICS FÜR DEINEN URLAUB

ANKOMMEN

ANREISE

Per Flugzeug: Royal Jordanian, Lufthansa, Austrian Airlines sowie diverse Billigairlines fliegen mehrmals wöchentlich direkt nach Amman, direkt nach Aqaba teilweise nur im Winter. Manchmal lohnt auch ein Blick ins Ausland – aus NRW kann z. B. die Strecke Brüssel–Amman interessant sein.

Über Land: Von Israel bzw. von den palästinensischen Gebieten aus hast du drei Möglichkeiten: Eilat–Aqaba im Süden, Jordan River Crossing (Sheikh Hussein Bridge) im Norden oder die Allenby Bridge im besetzten Westjordanland. Für die Allenby Bridge brauchst du vorab ein Visum aus Deutschland.

Mit dem Schiff: von Nuwaiba und Taba in Ägypten direkt nach Aqaba (Fahrzeit 1–3 Std., Check-in/Check-out insgesamt ca. 3 Std., Gesamtkosten pro Strecke ca. 100 Euro).

+ 2 bzw. 1 Std. Zeitverschiebung

Mitteleuropäische Zeit (MEZ) plus zwei Stunden, während der Sommerzeit (MESZ) plus eine Stunde.

EINREISE

Der Reisepass muss am Tag der Einreise mindestens noch sechs Monate gültig sein. Ein Visum bekommen EU-Bürger am Flughafen in Amman für 40 JD (zahlbar in JD, bargeldlos). Es ist vier Wochen gültig und kann in jeder Polizeistation verlängert werden.

INSIDER-TIPP **Visum gratis**

Bei einem Flug nach Aqaba ist das Visum für EU-Bürger kostenlos, vorausgesetzt, dass der Rückflug auch von Aqaba aus stattfindet. Ein

Im Wadi Rum sind Jeeps das Hauptverkehrsmittel

Mehrfachvisum muss man vor der Reise bei der jordanischen Botschaft beantragen. Praktisch ist ein solches Visum unter anderem für Reisen von Jordanien nach Israel und zurück.

JORDAN PASS

Mit dem *Jordan Pass (jordanpass.jo)* kannst du bares Geld sparen. Wer ihn vorab online kauft und mindestens drei Nächte in Jordanien bleibt, zahlt den Basispreis von 75 JD (erweitert 80 bzw. 85 JD). Damit hast du das Visum, das Ticket für Petra und Eintritte für nahezu sämtliche Sehenswürdigkeiten im Land.
Achtung: Der Jordan Pass ist ab Kaufdatum ein Jahr lang gültig, nach der erfolgten Einreise kann er aber nur 14 Tage lang als Eintrittskarte zu Monumenten benutzt werden. Tipp: Für Petra direkt zwei bis drei Tage einplanen und den Pass entsprechend wählen.

Adapter Typ G

Netzspannung 230 Volt, oft passen Schuko-/Eurostecker, eher selten ist ein Adapter Typ G notwendig. Nützlich sind ein Verlängerungskabel mit drei Anschlüssen (um Handy, Tablet usw. gleichzeitig aufzuladen) und für Autofahrer eine Powerbank, um bei Pannen in jedem Fall telefonieren zu können.

KLIMA & REISEZEIT

Angenehme Reisezeiten sind Mitte Februar bis Mitte Juni und Mitte September bis Ende November. Im Winter liegt in Amman und im Norden teilweise Schnee, es wird kalt und nass. Im Hochsommer klettern die Temperaturen im Süden auf knapp 50 Grad. Auch Petra kann schon im Juni wegen der Hitze ziemlich anstrengend sein.

WEITER-KOMMEN

MIETWAGEN & AUTOFAHREN

Große internationale Mietwagenfirmen bieten nicht immer die erwartete Servicequalität. Am Flughafen in Amman hat die Firma *Montecarlo* ein gutes Preis-Leistungs-Verhältnis, und die Bewertungen stimmen auch. Bei kurzen Aufenthalten ist es meist günstiger, Taxis zu nehmen.

Autofahren ist in Jordanien okay, aber du solltest im Notfall einen Reifen wechseln können und nie bei Dunkelheit fahren. Allein fahrende Frauen sollten sehr einsame Gegenden besser meiden. Bleifreies Benzin haben nicht alle Tankstellen. Gurt ist Pflicht, es gilt die Null-Promille-Grenze, Handynutzung ist während der Fahrt verboten. An Autobahnen gibt es viele Radarkontrollen (Höchstgeschwindigkeit 110 km/h). Die Bußgelder sind happig und werden sofort kassiert!

GRÜN & FAIR REISEN

Du willst beim Reisen deine CO_2-Bilanz im Hinterkopf behalten? Dann kannst du deine Emissionen kompensieren *(atmosfair.de; myclimate.org)*, deine Route umweltgerecht planen *(routerank.com)* oder auf Natur und Kultur *(gate-tourismus.de)* achten. Mehr über ökologischen Tourismus erfährst du hier: *oete.de* (europaweit); *germanwatch.org* (weltweit).

Auf allen Fernstraßen hapert es mit der Beschilderung und mit der Durchsetzung von Verkehrsregeln. Lastwagen kommen einem frontal entgegen, Umleitungen führen ins Nichts. Immerhin ist das Straßennetz verbessert worden. Die schnellste Verbindung zwischen Aqaba und Amman, der *Desert Highway* (N15), wurde fast durchgängig mit einer neuen Decke, Markierungen und Beleuchtung ausgestattet. Nur ein kurzes Teilstück im Süden – zwischen Abu Luson und Dabet Hanut – war bei Redaktionsschluss noch in extrem schlechtem Zustand und entsprechend gefährlich.

Auf der *Königsstraße (Tariq al-Sultani)* weiß man dank lückenloser Markierung am Straßenrand zwar immer, wo man ist, doch alle paar Hundert Meter zwingen einen Straßenschwellen *(matabb)*, von 90 auf 20 km/h zu drosseln. Kleiner Trost: Die *matabb* werden fast immer mit Warnschildern angekündigt. Wesentlich entspannter fährt man auf dem *Dead Sea Highway* am Toten Meer, zwischen Sweimeh und der Abzweigung auf die N60 Richtung Tafila. Die N60 und der südliche Dead Sea Highway zwischen Ghor Safi und Aqaba sind aber recht einsam.

ÖFFENTLICHE VERKEHRSMITTEL

Von Amman fahren Busse (Mini- und Midibusse) an den zentralen Busstationen Tabarbur und Raghadan in verschiedene Richtungen des Landes ab. Auf den Strecken Amman–Aqaba und Amman–Petra verkehren komfortable Fernbusse der Firma *Jett* (ca. 10 JD pro Person/Strecke, möglichst am Tag zuvor reservieren). Fr/Sa fah-

FESTE & EVENTS

RUND UMS JAHR

JANUAR

Internationales Theaterfestival (Amman)

FEBRUAR

Festival des Kunsthandwerks (Aqaba): Traditionelles Handwerk, Brauchtum, Folklore.

MÄRZ

Dead Sea Marathon (Sweimeh): *deadseamarathon.com*

JUNI

Contemporary Dance Festival (Amman): Im National Center for Culture & Arts – King Hussein Foundation. *facebook.com/NCCA.KHF*

JULI/AUGUST

Jerash Festival: Wichtigstes Kulturevent Jordaniens mit zahlreichen arabischen und internationalen Künstlern. Zu hören und zu sehen: Schlager, volkstümliche Musik, Ballett, Volkstanz. Ein Höhepunkt ist der Auftritt der ▶ Königlich Jordanischen Marschkapelle (Foto). *calendar.jo* | *jerashfestival.jo*

Baladk Street Art Festival (Amman): Buntes, unabhängiges Straßenkunstevent. *facebook.com/baladkProject*

Fuheis-Festival: Sympathisches Kulturfest des christlichen Städtchens Fuheis. Jährlich im August wird gefeiert bis in die Nacht – Theater, Musik, bildende Kunst. *facebook.com/fuheis*

SEPTEMBER/OKTOBER

Amman Jazz Festival: Fusion, Weltmusik, arabische und internationale Künstler. *Details auf Facebook/META* | *ammanjazz.com*

OKTOBER/NOVEMBER

Petra Desert Marathon: *petra-desert-marathon.com* | *runjordan.com*

European Film Festival (Amman): *euffjordan.com*

Amman Design Week: Ästhetik trifft Technologie. *ammandesignweek.com*

Dattelfest (Amman): *jordanfestivals.com*

WAS KOSTET WIE VIEL?

Tee	ab 1 Euro *für ein Glas in der Altstadt von Amman*
Falafel	0,70–2,70 Euro *für ein Falafel-Sandwich*
Bier	5,40–6,70 Euro *für ein Glas (0,3 l) im Hotel*
Souvenir	4–11 Euro *für eine Wasserpfeife in der Altstadt von Amman*
Eis	1,40–2,70 Euro *für eine Kugel Eis*
Taxi	1,40–8 Euro *für eine Stadtfahrt*

INSIDER-TIPP
Logenplatz im Doppeldeckerbus

ren auf vielen Strecken weniger Busse als an den anderen Wochentagen. Reservier im Jett-Bus oben in der ersten Reihe und freu dich über kostenloses Landschaftskino! Zwischen Aqaba und Petra sind nur einfache Minibusse oder Taxis buchbar (eine Strecke ca. 60 JD, Hin- und Rückfahrt am selben Tag ca. 90 JD).

TAXI & FLUGHAFENBUS

Vom Flughafen Amman: Der internationale Queen-Alia-Flughafen liegt 32 km südlich vom Stadtzentrum. Taxipreise sind fest: Amman (60 Min.) ca. 25 JD, Madaba (40 Min.) ca. 20 JD. Viele Hotels in Amman und Madaba bieten einen günstigen Abholservice. Preisgünstig ist der Flughafen-Expressbus (*Sariya*, Pauschalpreis 5 JD). Stopps in Amman: der südliche 7th Circle (30 Min.) und die nördliche Busstation Tabarbur (60 Min). Von beiden aus kannst du per Taxi, per *Careem* (App) oder per Minibus weiterfahren, je nachdem für 1–6 JD. Gelbe (offizielle) Taxis und Minibusse kannst du von der Straße aus heranwinken, Careem-Fahrer kommen zu deinem Standort. Von der israelisch-jordanischen Grenze aus fahren Taxis, die Preise sind teils recht happig. Tipp: Abholung von der Grenze vorher organisieren oder versuchen, mit anderen Reisenden die Kosten zu teilen. Vorsicht bei unverhofften privaten Mitnahmeangeboten.

IM URLAUB

AUSKUNFT

– *Jordan Tourism Board | Tunis Street | Amman | zwischen 4th und 5th Circle | Tel. 06 5 67 84 44 | visitjordan.com*

– An fast jedem touristisch wichtigen Ort in Jordanien gibt es ein ganztags geöffnetes Besucherzentrum *(Visitor Center)*. Du bekommst dort Informationen, Tickets, Führungen und Serviceleistungen wie Restauration, Toiletten und Erste Hilfe. Wo es kein Besucherzentrum gibt, hilft die Touristenpolizei.

BADEN & STRÄNDE

Glasklares Wasser, traumhafte Korallenriffe – Jordanien ist wie geschaffen für einen Bade- und Tauchurlaub. Mangels langer Küsten und aufgrund der konservativen Mentalität der Bevölkerung sind ungestörte öffentliche

Plätze zum Schwimmen und Sonnenbaden nur begrenzt zu finden. Doch für ein paar Dinar extra gibt es Alternativen: Am Toten Meer kosten Privatbzw. Hotelstrände mit Pool, Dusche und Umkleide ab 20 JD/Tag. In Aqaba bieten Tauchclubs und kleinere Hotels schon ab 13 JD/Tag Zugang zu Pools und Privatstränden, teils inklusive Liege, Sonnenschirm und Handtuch.

FEIERTAGE

1. Jan.	Neujahr
30. Jan.	Geburtstag von König Abdullah II.
1. Mai	Tag der Arbeit
23. März 2023, 11. März 2024, 1. März 2025	Beginn des Fastenmonats *Ramadan*
25. Mai	Tag der Unabhängigkeit
21. April 2023, 10. April 2024, 30. März 2025	Beginn des mehrtägigen Fests *Eid al-Fitr* am Abschluss des Ramadan
29. Juni 2023, 17. Juni 2024, 7. Juni 2025	Beginn des mehrtägigen Opferfests *Eid al-Adha*
19. Juli 2023, 7. Juli 2024, 26. Juni 2025	*1. Muharram* (Islamisches Neujahr)
26. Sept. 2023, 15. Sept. 2024, 4. Sept. 2025	*Moulid al-Nabi* (Geburtstag des Propheten)
14. Nov.	Geburtstag von König Hussein
25. Dez.	Weihnachten

Die religiösen Feiertage werden nach dem Mondkalender berechnet, die Termine können von den hier angegebenen Daten um ein bis zwei Tage abweichen. Besonders zu Eid al-Fitr und Eid al-Adha fahren die Menschen ans Rote Meer oder ans Tote Meer. Hotels und Restaurants sind dann überfüllt. Auch der Ramadan ist für Reisen nicht sehr zu empfehlen, viele Restaurants sind den ganzen Monat zu, Öffnungszeiten reduziert; in großen Hotels läuft der Betrieb weitgehend normal.

FOTOGRAFIEREN

Militärische Anlagen, wichtige Brücken, polizeiliche Einrichtungen und Paläste der Königsfamilie sind tabu. Ansonsten darf fast alles fotografiert werden. Menschen sollte man auf jeden Fall um Erlaubnis fragen.

GELD & KREDITKARTEN

Banken sind meist So–Do 8.30–15 Uhr geöffnet. Mit Kreditkarten (Visa, Masters, American Express) kannst du Geld abheben und in vielen großen Geschäften und Hotels bezahlen. EC-Karten funktionieren nicht immer. Falls man dich fragt, ob du mit der Kreditkarte in Euro oder JD zahlen möchtest, wähle JD, das ist günstiger. Die ATM-Gebühren sind oft sehr hoch, die Maximalbeträge gering. Bargeld kann man in Wechselstuben tauschen und dabei mit etwas Glück Gebühren sparen.

Der jordanische Dinar (umgangssprachlich *dschäidi*) ist in 100 Piaster oder 1000 Fils unterteilt. Preise werden oft in Fils angegeben. Also nicht erschrecken, wenn eine Packung Zigaretten 2500 Fils kostet, das sind 2,5 JD. Für Schnellchecker: *oanda.com.*

INTERNETZUGANG & WLAN

In nahezu jedem Café, Restaurant oder Hotel gehört kostenloses WLAN zum Service. Das Netz ist in Jordanien insgesamt langsamer, doch im Großen und Ganzen sind die Verbindungen stabil und zuverlässig. Vorsicht bei offenen Netzen ohne Passwort!

KLEIDUNG

Von April bis Oktober: leichte Baumwollkleidung, Pullover für die kühlen Nächte und ein Sonnenhut. Im Winter brauchst du in Amman und im Norden warme Kleidung. Am Toten Meer und in Aqaba ist es zu dieser Zeit frühlingshaft warm. Für Wanderungen und die Besichtigung von Petra feste, knöchelhohe Schuhe einpacken!

ÖFFNUNGSZEITEN

Ämter und Banken sind Fr/Sa geschlossen, viele Privatunternehmen nur Fr, einige christliche Geschäfte auch So. Manche Geschäfte haben Fr-nachmittags geöffnet, Supermärkte (Safeway, Cozmo) teils rund um die Uhr.

SCHREIBWEISEN

Es gibt verschiedene Arten, Arabisch in lateinischen Buchstaben darzustellen. Die Umschrift im MARCO POLO richtet sich nach den Hinweisschildern vor Ort, während die Karten im Band eine international standardisierte Umschrift verwenden.

SICHERHEIT

Die klassischen Touristenziele im Norden und Osten Jordaniens (z. B. Umm Qais, Wüstenschlösser) können problemlos bereist werden, auch individuell. Aber: Halte Abstand zum jordanisch-syrischen und zum jordanisch-irakischen Grenzgebiet. Verzichte auf spontane Entdeckungstouren z. B. im Yarmuk Nature Reserve. Besser ist eine organisierte Tagestour mit einem anerkannten Veranstalter. Wichtig: die aktuellen Sicherheitshinweise unter *auswaertiges-amt.de.*

TELEFON & HANDY

Wer im Urlaub sein Handy von zu Hause nutzt, kann sich eine SIM-Karte für Touristen kaufen (Firmen: Zain, Orange, Umniah). Verkaufsstellen findest du in der Ankunftshalle im Flughafen Amman. Zain bietet auch Prepaidpakete für Android, Apple und mobiles Internet an. Bei Anrufen aus dem Ausland bzw. mit einem ausländischen Handy lässt man die Null vor der Ortsvorwahl bzw. vor der Nummer des Mobilfunknetzes weg. Anrufe aus dem jordanischen Festnetz ins jordanische Mobilfunknetz: Netzvorwahl mit Null (z. B. 079 oder 077). Vorwahl Jordanien 00962, Deutschland 0049, Österreich 0043, Schweiz 0041.

TRINKGELD

Restaurants schlagen oft sowohl die Mehrwertsteuer als auch eine *service tax* von 10 Prozent auf die Rechnung auf. Dennoch ist ein kleines Trinkgeld für Kellner oder Zimmerservice angemessen. Gepäckträgern gibt man rund einen Dinar. Im Taxi wird je nach Strecke um etwa 300 Fils aufgerundet.

ZOLL

Bei der Einreise sind 200 Zigaretten oder 200 g Tabak sowie zwei Flaschen Wein oder eine Flasche Spirituosen zollfrei. An Bargeld dürfen Reisende bis zu 15 000 JD dabeihaben. Das Mitnehmen von archäologischen Antiquitäten und Korallen aus Jordanien ist streng verboten. Zollfrei in die EU sind u. a. 200 Zigaretten und 1 l Getränke mit über (oder 2 l mit bis zu) 22 Vol.-% Alkoholgehalt sowie andere Waren bis zu einem Wert von 300 Euro

(Flug-/Seereisende: 430 Euro). Für die Schweiz gelten andere Bestimmungen, wobei der Gesamtwert aller Waren 300 Franken nicht überschreiten darf. *zoll.de | bazg.admin.ch*

NOTFÄLLE

DIPLOMATISCHE VERTRETUNGEN

- *Botschaft der Bundesrepublik Deutschland | Benghazi Street 25, Jabal Amman | Amman | Tel. 06 5 90 11 70 | amman.diplo.de/jo-de*
- *Botschaft der Republik Österreich | Mithqal al-Fayez Street 36, nahe 3th Circle, Jabal Amman | Amman | Tel. 06 4 60 11 01 | bmeia.gv.at/oeb-amman*
- *Botschaft der Schweiz | Ibrahim Ayoub Street 19, nahe 4th Circle, Jabal Amman | Amman | Tel. 06 5 93 14 16 | eda.admin.ch/amman*

GESUNDHEIT

Impfungen sind nicht nötig, die hygienischen Verhältnisse sind meist sehr gut, die medizinische Versorgung ist nahezu flächendeckend. Meide Leitungswasser und bei empfindlichem Magen Salate und Obst. Durchfall kann vorkommen, aber ernsthafte Erkrankungen sind selten. Man sollte immer Toilettenpapier dabeihaben. Deutsche sollten eine Reisekrankenversicherung abschließen, da gesetzliche Kassen die Kosten jordanischer Ärzte nicht übernehmen. Amman hat hervorragende Ärzte und Krankenhäuser. Für Notfälle zu empfehlen: das *Arab Center for Heart and Special Surgery (hinter dem Sheraton-Hotel | Tel. 06 5 92 11 99)*. Behandlungen sind bar zu bezahlen. *fit-for-travel.de*

NOTRUF

Jordanischer Polizeinotruf: *Tel. 911*

WETTER IN AMMAN

Hauptsaison
Nebensaison

	JAN.	FEB.	MÄRZ	APRIL	MAI	JUNI	JULI	AUG.	SEPT.	OKT.	NOV.	DEZ.
Tagestemperaturen	13°	14°	17°	23°	28°	31°	32°	33°	31°	28°	21°	15°
Nachttemperaturen	4°	5°	7°	10°	15°	17°	19°	19°	18°	14°	10°	6°
Sonnenschein Stunden/Tag	6	8	10	10	11	14	14	13	12	10	8	6
Niederschlag Tage/Monat	8	8	4	3	1	0	0	0	0	1	4	5

Sonnenschein Stunden/Tag — Niederschlag Tage/Monat

SPICKZETTEL ENGLISCH

NÜTZLICHES

Wo finde ich einen Internetzugang/WLAN?	Where can I find internet access/Wifi?	wär känn ai faind 'internet 'äkzäss/waifai?
Ich möchte … Euro wechseln.	I'd like to change … euro.	aid laik tu tschäindsch … iuhro
Ich möchte ein Auto/ein Fahrrad mieten.	I would like to rent a car/a bicycle.	ai wud laik tə ränt ə kahr/ ə 'baisikl.
Darf ich fotografieren?	May I take a picture?	mäi ai täik ə 'piktscha?
Fahrplan/Fahrschein	schedule/ticket	'skädjuhl/'tikət
Fieber/Schmerzen	fever/pain	fihvə/peyn
Apotheke/Drogerie	pharmacy/chemist	'farməssi/kemist
kaputt/funktioniert nicht	broken/doesn't work	'brəukən/'dasənd wörk
Panne/Werkstatt	breakdown/garage	'bräikdaun/'gärasch
Hilfe!/Achtung!/ Vorsicht!	Help!/Attention!/Caution!	hälp/ə'tänschən/'koschən

ZEIGEBILDER

ESSEN & TRINKEN

Die Speisekarte, bitte.	The menu, please.	Də 'mänjuh plihs
Messer/Gabel/Löffel	knife/fork/spoon	naif/fohrk/spuhn
Salz/Pfeffer/Zucker	salt/pepper/sugar	sohlt/'päppə/'schuggə
Essig/Öl	vinegar/oil	'viniga/oil
mit/ohne Eis/ Kohlensäure	with/without ice/gas	wiD/wiD'aut ais/gäs
Vegetarier(in)/Allergie	vegetarian/allergy	wätschə'tāriən/ 'ällədschi
Rechnung/Quittung	bill/receipt	bill/ri'ssiht
Ich möchte zahlen, bitte.	May I have the bill, please?	mäi ai häw De bill plihs
bar/Kreditkarte	cash/credit card	käsch/krädit kahrd

ARABISCH SPRECHEN

Ja./Nein.	na'am/la oder: kalla	نعم/لا، كلا
Bitte./Danke.	min fadlak/schukran	من فضلك/شكرا
Entschuldigung!	'afwan	عفوا
Guten Tag!/Guten Abend!	sabba l-chair/masa l-chair	صباح الخير/مساء الخير
Auf Wiedersehen!	ma'a s-salama	مع السلامه
Ich heiße ...	ismi ...	اسمي
Ich komme aus ...	ana min ...	انا من
... Deutschland.	... almania	المانيا
... Österreich./Schweiz.	... al nimsa/swizera	النمسا/سويسرا
Ich verstehe Sie nicht.	ana la afhamuka [ki]	انا لا افهمك
Wie viel kostet es?	kam jukallif dhalika	كم يكلّف ذلك
Bitte, wo ist...?	'afwan aina ...	عفوا اين

1	wahid	١(واحد)	5	chamsa	٥ (خمسة)	9	tis'a	٩ (تسعة)
2	itnan	٢ (اثنان)	6	sitta	٦ (ستّة)	10	'aschra	١٠ (عشرة)
3	talata	٣ (ثلاثة)	7	sab'a	٧ (سبعة)	20	'ischrun	٢٠ (عشرون)
4	arba'a	٤ (اربعة)	8	tamanija	٨ (ثمانية)	100	mia	١٠٠ (مئة)

LESESTOFF & FILMFUTTER

VOICES OF JORDAN

Ein junger Soldat vom Land, eine Gymnasiastin aus der Stadt, ein islamischer Extremist, eine geflüchtete Syrerin: Die angesehene Journalistin Rana Sweis stellt in sensiblen Porträts Menschen aus allen Teilen der jordanischen Gesellschaft vor. Auf Englisch, leicht und gut verständlich geschrieben. (2018)

IM HERZEN BEDUININ

Die Neuseeländerin Marguerite van Geldermalsen erzählt, wie sie mit ihrem beduinischen Ehemann und ihren Kindern in den Höhlen von Petra wohnte. (2007)

DIE LETZTE CHANCE – MEIN KAMPF FÜR FRIEDEN IM NAHEN OSTEN

Das Buch, die offizielle Autobiografie von König Abdullah II., ist nicht mehr ganz neu, aber interessant in Bezug auf das Bild, das die Monarchie vermitteln möchte. (2011)

LAWRENCE VON ARABIEN

Die Geschichte des britischen Agenten, der bei der Staatsgründung Jordaniens mitwirkte – ein Kinoklassiker, teils gedreht im Wadi Rum. Mit Peter O'Toole in der Hauptrolle, Regie: David Lean. (1962)

PLAYLIST QUERBEET

JADAL – MALYOUN
Die von Komponist und Songwriter Mahmud Radaideh gegründete Fusionrockband aus Amman hat vier Alben veröffentlicht, darunter dieses mit dem Titel „Million"

MACADI NAHAS – KHILKHAL
Mit ihrer eindrucksvollen Stimme interpretiert die Sängerin aus Madaba anspruchsvolle arabische Chansons und Lieder, Klassiker und neue Kompositionen

EL MORABBA3 – TARAF AL KHAIT
Jordanisch-palästinensischer elektronischer Post-Rock, eine Kultband

AUTOSTRAD – RAHAT YA KHAL
Indie-Rockband mit originellen, zeitkritischen Texten

HANI MITWASI – MAWTINI
Der jordanisch-palästinensische Sänger und Gitarrist mixt arabische Musik mit Flamenco- und Latin-Elementen

Den Soundtrack zum Urlaub gibt's auf **Spotify** unter **MARCO POLO Jordan**

Oder Code mit Spotify-App scannen

AB INS NETZ

UNIVERSES.ART/EN/ART-DESTINATIONS/JORDAN
Texte, Bilder, Videos über Kunst- und Kulturgeschichte Jordaniens, verfasst im Auftrag des Jordan Tourism Board

SHORT.TRAVEL/JOR21
Website von Di Taylor und Tony Howard, Pioniere des Wander- und Klettersports in Jordanien. Viele Infos über private Unterkünfte in Nordjordanien

RSCN.ORG.JO
Die Königliche Naturschutzorganisation zeigt traumhafte Fotos von Landschaften, Tieren und Pflanzen. Ebenso: die Website von Wild Jordan *(wildjordan.com)*, einem Ableger der RSCN

YOUTUBE.COM/C/MUMMYINAMMAN
Blog über den Alltag und das Reisen in Jordanien, von der Britin Rachel, die mit einem Jordanier verheiratet ist. Amüsant und sehr informativ

LIVINGINJORDANASEXPAT.COM
Blog eines Deutschen, der in Jordanien gelebt hat, sehr nützlich auch für Reisende mit Kindern. Auf Englisch

TRAVEL PURSUIT

DAS MARCO POLO URLAUBSQUIZ

Weißt du, wie Jordanien tickt? Teste hier dein Wissen über die kleinen Geheimnisse und Eigenheiten von Land und Leuten. Die Lösungen findest du in der Fußzeile. Und ganz ausführlich auf den S. 20–25.

❶ Was bedeutet „Wasta"?
a) gute Manieren
b) gute Gewinne
c) gute Beziehungen

❷ Das wievielte Schälchen Kaffee sollte man laut beduinischer Tradition ablehnen?
a) das zweite
b) das dritte
c) das vierte

❸ Wann waren die Nabatäer auf dem Höhepunkt ihrer Macht?
a) 2. Jh. v. Chr.
b) 4. Jh. n. Chr.
c) 12. Jh. n. Chr.

❹ Wie viele Kinder hat das jordanische Königspaar?
a) zwei Kinder
b) vier Kinder
c) fünf Kinder

❺ Wie hoch ist der Mindestlohn in Jordanien?
a) 150 JD
b) 260 JD
c) 380 JD

❻ Wie viel Prozent seines Energiebedarfs muss Jordanien importieren?
a) 20 Prozent
b) 50 Prozent
c) 90 Prozent

Lösungen: 1c, 2c, 3a, 4b, 5b, 6c, 7b, 8b, 9b, 10b, 11a

Die Königsgräber in Petra: ein Werk der sagenumwobenen Nabatäer

7 Womit wird der Mokka oft aromatisiert?

a) Minze
b) Kardamom
c) Pfeffer

8 Wann wurde die Felsenstadt Petra von Johann Ludwig Burckhardt wiederentdeckt?

a) 1789
b) 1812
c) 1916

9 Wie viele Ehefrauen darf ein Mann nach islamischem Heiratsrecht haben?

a) eine Frau
b) bis zu vier Frauen
c) bis zu sieben Frauen

10 Wie hieß der legendäre „Lawrence von Arabien" wirklich?

a) Timothy Edwin Lawrence
b) Thomas Edward Lawrence
c) Theodore Edgar Lawrence

11 Wie viel Prozent der jordanischen Bevölkerung gehören christlichen Konfessionen an?

a) 2 Prozent
b) 10 Prozent
c) 30 Prozent

REGISTER

LOB ODER KRITIK? WIR FREUEN UNS AUF DEINE NACHRICHT!

Trotz gründlicher Recherche schleichen sich manchmal Fehler ein. Wir hoffen, du hast Verständnis, dass der Verlag dafür keine Haftung übernehmen kann.

MARCO POLO Redaktion • MAIRDUMONT • Postfach 31 51
73751 Ostfildern • info@marcopolo.de

Impressum
Titelbild: Wadi Rum (AWL Images: J. Langley)
Fotos: DuMont Bildarchiv: Gartung (56); huber-images: Borchi (63); Huber-images: M. Borchi (93, 94, 102), P. Giocoso (16/17, 25, 29 rechts), M. Rellini (69, 77, 80/81, 108/109); huber-images: Ripani (30); Huber-images: R. Schmid (2/3, 8/9, 28/29, 45, 70/71, 126/127, 128/129), R. J. Taylor (33 rechts); M. Kirchgessner (75, 78); laif: Eid (58/59, 104/105), Monica Gumm (49), Heuer (34/35), L. Jaekel (11); Look-foto: Hermann Erber (Klappe hinten), Elan Fleisher (116/117); Look-foto/age fotostock (85); mauritius images: Walter Bibikow (51), M. Breuer (32/33); mauritius images/age (22); mauritius images/age fotostock: J. C. Muñoz (55); mauritius images/AGF: A. Lanzellotto (10, 13); mauritius images/Alamy/Alamy Stock Photos: I. Arza Azcorra (64), B. Grotting (Klappe vorne außen, Klappe vorne innen/1), N. Hammouri (40/41), M. Mugur (26/27), S. Reboredo (119), C. Stennett (12), T. E. White (46); mauritius images/Cavan Images (106); mauritius images/CuboImages: F. Brusori (14/15); mauritius images/Elvele Images Ltd/Alamy (86); mauritius images/Hemis.fr: R. Mattes (6/7); mauritius images/imageBROKER: J. Carlile (66), N. Eisele-Hein (37); mauritius images/Novarc Images: H. P. Szyszka (21); mauritius images/Panther Media GmbH/Alamy/Alamy Stock Photos (89); H. Mielke (96/97); M. Sabra (131); Schapowalow: Massimo Borchi (115)

10. Auflage 2023, komplett überarbeitet und neu gestaltet
© MAIRDUMONT GmbH & Co. KG, Ostfildern
Autorinnen: Andrea Nüsse, Martina Sabra
Redaktion: Corinna Walkenhorst
Bildredaktion: Gabriele Forst
Kartografie: © MAIRDUMONT, Ostfildern (S. 38–39, 110, 113, 115, Umschlag außen, Faltkarte); DuMont Reiseverlag, Ostfildern © MAIRDUMONT, Ostfildern (S. 67, 91) © MAIRDUMONT, Ostfildern, unter Verwendung von Kartendaten von OpenStreetMap, Lizenz CC-BY-SA 2.0 (S. 42–43, 53, 60–61, 72–73, 82–83, 98–99, 101)
Als touristischer Verlag stellen wir bei den Karten nur den De-facto-Stand dar. Dieser kann von der völkerrechtlichen Lage abweichen und ist völlig wertungsfrei.
Gestaltung Cover, Umschlag und Faltkartencover: bilekjaeger_Kreativagentur mit Zukunftswerkstatt, Stuttgart; Gestaltung Innenlayout: Langenstein Communication GmbH, Ludwigsburg
Spickzettel: in Zusammenarbeit mit PONS Langenscheidt GmbH, Stuttgart
Texte hintere Umschlagklappe: Lucia Rojas
Konzept Coverlines: Jutta Metzler, bessere-texte.de

Printed in Poland

MARCO POLO AUTORIN
MARTINA SABRA

Kamelmilch findet sie ungenießbar, und der Männlichkeitswahn bringt sie manchmal auf die Palme. Dennoch brauche sie regelmäßig ihre Dosis Jordanien, sagt Martina Sabra augenzwinkernd: „Das Klima, die Naturschätze, die Kulturdenkmäler und die pragmatische Art der Leute – ein großartiges Reiseland, das nie langweilig wird!"

BLOSS NICHT!

FETTNÄPFCHEN UND REINFÄLLE VERMEIDEN

VIEL HAUT ZEIGEN

Im Minirock zur Moschee oder in Shorts zur Kirche? Das kann schiefgehen. Für religiöse Orte immer lange Hosen oder Röcke wählen! Und nimm ein großes, leichtes Tuch mit, dann ist bei Bedarf auch der Kopf bedeckt.

KORALLEN UND FISCHE ANFASSEN

Beim Schnorcheln reicht ein einziger falscher Griff, und vorbei ist der Urlaubsspaß. Das Gift mancher Korallen und Meerestiere kann krank machen oder sogar tödlich wirken. Also: nicht anfassen, nur gucken!

ÜBER RELIGION DEBATTIEREN

Kein Draht zum höchsten Wesen? Behalt es für dich. Da man in Jordanien einer Glaubensgemeinschaft angehören muss, um heiraten oder erben zu können, können manche sich nicht vorstellen, wie ein Leben ohne Religionszugehörigkeit funktionieren soll. Ein Themenwechsel erspart möglicherweise Diskussionen.

HITZE UND KÄLTE UNTERSCHÄTZEN

Schneemänner in der Wüste sind eher selten. Dennoch kann es im Wadi Rum oder im 1000 m hoch gelegenen Amman erstaunlich frisch werden. Daher nicht nur Sonnenschutz einpacken, sondern auch einen warmen Pullover!

DIE AUSWEISPAPIERE VERGESSEN

Das Meer glitzert schon in der Ferne, die Vorfreude ist groß – doch der Soldat am Checkpoint schüttelt den Kopf. Du hast den Reisepass vergessen! Tipp: Immer nachsehen, ob du deinen Pass dabeihast, wenn du auf Tour gehst.